Anya Celeste

Ho'oponopono Esencial
Cuidando de la Mente y del Alma

Título Original: Ho'oponopono Esencial

Copyright © 2025, publicado por Luiz Antonio dos Santos ME.

Este libro es una obra de no ficción que explora prácticas y conceptos en el campo del desarrollo personal y la abundancia. A través de un enfoque integral, el autor ofrece herramientas prácticas para alcanzar el equilibrio emocional, la prosperidad y la realización personal.

1ª Edición Equipo de Producción
- **Autor:** Anya Celeste
- **Editor:** Luiz Santos
- **Portada:** Studios Booklas / Guilhermo Anturus
- **Diagramación:** Zara Cruz
- **Tradución:** Emilio Ribas
-

Publicación e Identificación
Ho'oponopono Esencial Editora Booklas, 2025
Categorías: Desarrollo Personal / Espiritualidad / Holismo
DDC: 158.1 - **CDU:** 159.923.2

Todos los derechos reservados a:
Luiz Antonio dos Santos ME / Booklas
Ninguna parte de este libro puede ser reproducida, almacenada en un sistema de recuperación o transmitida por cualquier medio — electrónico, mecánico, fotocopia, grabación u otro — sin la autorización previa y expresa del titular de los derechos de autor.

Contenido

Prólogo 5
Capítulo 1 Comprendiendo Ho'oponopono 7
Capítulo 2 Limpieza Interior 15
Capítulo 3 La Esencia de la Curación 22
Capítulo 4 El Mantra de la Curación 30
Capítulo 5 Manifestando tus Deseos 38
Capítulo 6 Anclándose en el Presente 46
Capítulo 7 Profundizando la Conexión 53
Capítulo 8 Armonía en los lazos 61
Capítulo 9 Sanando las Raíces 69
Capítulo 10 Liberándose de las Cadenas 77
Capítulo 11 Autoestima 84
Capítulo 12 Prosperidad Abundante 92
Capítulo 13 Armonía Interior, Cuerpo Sano 100
Capítulo 14 Flujo Interior 108
Capítulo 15 Legados del Pasado 116
Capítulo 16 Ho'oponopono para Niños 124
Capítulo 17 Armonía y Sanación en la Relación 132
Capítulo 18 Prosperidad Financiera con Consciencia 140
Capítulo 19 Purificación del Hogar 148
Capítulo 20 Mensajes del Subconsciente 156
Capítulo 21 Envejeciendo con Sabiduría y Serenidad 163
Capítulo 22 Encontrando Alivio y Curación 171

Capítulo 23 Transformando la Energía del Fuego 178
Capítulo 24 Liberando el Miedo 185
Capítulo 25 Ansiedad: Calmando la Mente 192
Capítulo 26 Depresión, Autocuración y Esperanza 200
Capítulo 27 Consuelo en el Dolor de la Pérdida 208
Capítulo 28 Liberándose de las Ataduras del Pasado 216
Capítulo 29 Conectándose con la Esencia Divina 224
Capítulo 30 Armonía Energética... 231
Capítulo 31 Sanación con el Poder del Sonido 239
Capítulo 32 Ley de la Atracción 246
Capítulo 33 Ho'oponopono Avanzado 253
Capítulo 34 Inspirando la Transformación 261
Epílogo 269

Prólogo

Es con inmensa satisfacción que pongo en tus manos este libro que lleva no solo palabras, sino una sabiduría ancestral capaz de transformar vidas. El Ho'oponopono no es solo una práctica; es una invitación silenciosa y profunda a revisitar la propia esencia, sanar memorias, disolver bloqueos y rescatar el equilibrio interior.

Al encontrarme con esta obra, me conmovió la simplicidad y profundidad de sus enseñanzas. En un mundo tan acelerado y lleno de ruidos, encontrar un camino que nos devuelva a la paz interior es un regalo raro. Cada página que estás a punto de explorar revela una filosofía práctica y accesible, fundamentada en cuatro frases poderosas: "Lo siento. Perdóname. Te amo. Estoy agradecido(a)". Estas palabras cargan una fuerza transformadora capaz de sanar dolores invisibles y restaurar conexiones perdidas — con los otros, con el mundo y, principalmente, contigo mismo.

Este libro no trae fórmulas preestablecidas, sino una invitación sincera a la autorresponsabilidad y al amor incondicional. Es una guía para quien busca respuestas y, más aún, para quien está listo para hacer las preguntas correctas.

Permítete sumergirte en esta lectura con el corazón abierto. A cada capítulo, percibirás que la verdadera transformación comienza de adentro hacia afuera. El camino puede ser silencioso, pero los resultados resuenan profundamente en el alma.

Que esta obra te inspire a liberar lo que ya no sirve, a perdonar con ligereza, a amar sin reservas y a agradecer por cada paso de esta jornada.

Buena lectura y una profunda jornada de cura,
Luiz Santos
Editor

Capítulo 1
Comprendiendo Ho'oponopono

El Ho'oponopono se revela como una práctica transformadora, fundamentada en la sabiduría ancestral hawaiana, que orienta a los individuos a alcanzar el equilibrio emocional, mental y espiritual a través de la autoconciencia y la responsabilidad personal. Esta filosofía de vida invita a la reflexión profunda sobre los propios pensamientos, memorias y creencias, destacando la importancia de reconocer que todas las experiencias vividas son reflejos internos que pueden ser comprendidos y resignificados. Al aplicar sus principios, como el perdón, el arrepentimiento, la gratitud y el amor incondicional, es posible promover la reconciliación interior y la armonía en las relaciones interpersonales, conduciendo a una jornada de cura continua y expansión de la consciencia. Este enfoque práctico y accesible permite a cualquier persona iniciar un proceso de autotransformación, disolviendo bloqueos emocionales y liberando patrones limitantes que impiden el flujo natural de la vida.

La práctica del Ho'oponopono estimula la conexión con la esencia interior, reconociendo que el cambio comienza a partir del reconocimiento de las responsabilidades individuales. Mediante simples repeticiones de frases poderosas, como "Lo siento", "Perdóname", "Te amo" y "Estoy agradecido", el individuo activa un proceso de limpieza de memorias subconscientes que generan conflictos y desequilibrios. Este método no exige rituales complejos o intermediarios, convirtiéndose en una herramienta eficaz para quien busca transformar desafíos cotidianos en oportunidades de crecimiento. Esta simplicidad, junto a la profundidad de sus resultados, permite que el Ho'oponopono se encaje naturalmente en diversas culturas y estilos de vida, consolidándose como un camino accesible para el bienestar integral.

Al integrar el Ho'oponopono en la vida diaria, se crea un espacio de autocompasión y aceptación, donde el pasado deja de ser un peso y pasa a ser comprendido como parte de la jornada evolutiva. Esta práctica continua facilita el desapego de resentimientos, miedos y limitaciones, permitiendo que la energía fluya de forma ligera y equilibrada. Al asumir la responsabilidad plena por todo lo que se manifiesta, se abre la posibilidad de cultivar relaciones más armoniosas, fortalecer la salud emocional y mental, además de impulsar la realización personal y espiritual. El Ho'oponopono, por lo tanto, no solo cura, sino que también orienta en la construcción de una vida basada en la paz, en el amor y en la verdadera libertad interior.

La palabra "Ho'oponopono" lleva en sí una profunda esencia de la cultura hawaiana, traduciéndose como "corregir un error" o "hacer lo correcto". Esta expresión revela más que un simple concepto lingüístico; representa una filosofía de vida orientada a la restauración del equilibrio y la armonía. En la tradición hawaiana, el Ho'oponopono era ampliamente utilizado como un ritual de cura colectiva, aplicado dentro de familias y comunidades para resolver conflictos, restaurar relaciones y reequilibrar la energía vital. Existía la creencia de que las enfermedades físicas y emocionales surgían como reflejos de desajustes internos y desarmonía en las relaciones interpersonales. Así, el Ho'oponopono emergía como un camino para limpiar esos bloqueos y permitir que la energía fluyera libremente de nuevo.

En los encuentros tradicionales, la conducción del proceso quedaba bajo la responsabilidad de un kahuna, figura de gran respeto, reconocida como sacerdote o curandero. Este líder espiritual guiaba a los participantes a través de oraciones, confesiones sinceras y rituales de purificación. Cada miembro involucrado era incentivado a reconocer sus errores, expresar arrepentimiento y pedir perdón, promoviendo así una limpieza profunda no solo de las emociones, sino también de las energías que sustentaban los conflictos. La reconciliación no era solo deseable, sino esencial, pues se creía que la cura individual contribuía directamente a la salud y el equilibrio de toda la comunidad. La interconexión entre los individuos era vista como algo sagrado e indisociable, y la armonía de uno se reflejaba en el bienestar de todos.

Con el paso de los siglos, el Ho'oponopono no permaneció estático. Se adaptó a los cambios sociales y culturales, ampliando su aplicación más allá de las comunidades hawaianas. Esta evolución fue profundamente influenciada por Morrnah Nalamaku Simeona, una kahuna respetada que, en el siglo XX, reformuló la práctica para hacerla más accesible al mundo moderno. Morrnah percibió que, para que el Ho'oponopono alcanzara un público más amplio, sería necesario adaptar sus rituales sin perder su esencia. Así, desarrolló un enfoque individualizado, permitiendo que cualquier persona pudiera aplicar los principios del Ho'oponopono de forma autónoma, sin la necesidad de un líder espiritual. Esta transformación hizo la práctica más simple y aplicable a la vida cotidiana, independientemente de las creencias religiosas o culturales.

En la versión moderna del Ho'oponopono, el énfasis recae sobre la responsabilidad personal. Según esta perspectiva, todo lo que experimentamos en nuestra realidad externa es un reflejo directo de memorias y creencias almacenadas en nuestro subconsciente. Estas memorias, muchas veces invisibles a la consciencia, moldean nuestras percepciones, reacciones y experiencias. Al volvernos hacia nuestro interior y reconocer que somos cocreadores de nuestra propia realidad, podemos iniciar un proceso profundo de limpieza y transformación. Esta purificación ocurre mediante la repetición de frases simples, pero poderosas: "Lo siento", "Perdóname", "Te amo" y "Estoy agradecido". Cada palabra lleva una intención específica que actúa directamente en la liberación de memorias y patrones negativos, permitiendo que la paz y la claridad regresen a nuestro ser.

Los principios fundamentales del Ho'oponopono sustentan esta práctica con solidez. La responsabilidad plena es el cimiento, pues implica aceptar que todo lo que sucede en nuestra vida está, de alguna forma, conectado a nosotros. Esto no significa culpa, sino poder — el poder de transformar lo que no nos sirve más. La interconexión refuerza la idea de que nuestras acciones, pensamientos y emociones influyen no solo en nosotros mismos, sino también en todo el entorno que nos rodea. El perdón surge como un bálsamo curativo, liberando heridas profundas y disolviendo barreras emocionales. El arrepentimiento, a su vez, es un gesto de humildad que reconoce las fallas y abre espacio para la reconciliación. La gratitud eleva la vibración interna, dirigiendo el foco hacia las bendiciones presentes, mientras que el amor incondicional impregna toda la práctica, siendo la fuerza más poderosa de cura y transformación.

Los beneficios del Ho'oponopono son vastos y abarcan diversas esferas de la vida. Al limpiar las memorias negativas, se experimenta una paz interior genuina, una serenidad que no depende de las circunstancias externas. Las relaciones también son impactadas positivamente, pues la práctica disuelve resentimientos y facilita el diálogo sincero, creando lazos más sólidos y armoniosos. La salud física y emocional tiende a mejorar, ya que la liberación de tensiones internas se refleja directamente en el cuerpo y la mente. Además, al eliminar creencias limitantes relacionadas con la prosperidad, se abre camino para una vida más abundante en todos los aspectos. El autoconocimiento es inevitable en este proceso, pues el Ho'oponopono conduce a una jornada interna de descubrimientos y reconocimiento de la verdadera esencia. Este camino, por fin, conduce al crecimiento espiritual, conectando al individuo con su divinidad interior y ampliando su consciencia.

Esta integración profunda del Ho'oponopono en la vida cotidiana transforma desafíos en oportunidades de crecimiento. La práctica continua de estas simples, pero poderosas palabras, actúa como un recordatorio constante de que somos responsables de nuestra propia realidad y que tenemos el poder de cambiar cualquier situación. Con cada repetición, ocurre una limpieza silenciosa y eficaz, disolviendo memorias dolorosas y abriendo espacio para nuevas experiencias. Así, el Ho'oponopono se convierte en una práctica viva, que acompaña el flujo de la vida, adaptándose a las necesidades de cada momento. Invita a la autocompasión, al perdón y a la gratitud, creando una base sólida para una existencia más ligera, fluida y significativa.

Con este entendimiento, se percibe que el Ho'oponopono no es solo una técnica de cura, sino una filosofía de vida que orienta al ser humano a vivir en armonía consigo mismo y con el mundo. Nos enseña que la verdadera transformación comienza de adentro hacia afuera y que, al curar nuestras propias heridas, contribuimos a la cura colectiva. Esta práctica ancestral, incluso adaptada al contexto moderno, mantiene su esencia intacta: la búsqueda de la paz, la reconciliación y el amor incondicional. Así, el Ho'oponopono sigue siendo un puente entre el pasado y el presente, entre el yo interior y el universo a nuestro alrededor, guiando a cada individuo a un estado de mayor equilibrio, comprensión y plenitud.

El Camino de la Cura: Al recorrer el camino de la cura por medio del Ho'oponopono, cada paso dado representa un retorno al propio centro, donde la autenticidad y la paz se encuentran. Este proceso continuo no exige perfección, sino presencia y disposición para reconocer y liberar patrones que ya no sirven. La práctica constante de las frases sagradas funciona como una suave invitación a revisitar nuestras emociones más profundas y, con gentileza, disolver bloqueos que opacan nuestro bienestar. Así, la cura ocurre de forma natural y progresiva, guiando al practicante a un estado de mayor claridad y ligereza en la vida diaria.

Al apropiarnos de este conocimiento ancestral, comenzamos a percibir que la verdadera transformación no está en cambiar el mundo externo, sino en ajustar nuestra percepción y nuestra vibración interna. Este cambio sutil reverbera en todas las áreas de la vida, influenciando positivamente nuestros pensamientos, actitudes y relaciones. El Ho'oponopono se convierte, entonces, en un puente entre el autoconocimiento y la realización plena, permitiendo que cada desafío enfrentado sea visto como una oportunidad de aprendizaje y evolución.

De esta forma, el Ho'oponopono se revela no solo como una práctica espiritual, sino como una invitación diaria a vivir con más consciencia, compasión y amor.

Al integrar sus principios en el día a día, abrimos espacio para una existencia más armoniosa y verdadera, donde la paz interior deja de ser un ideal distante y se transforma en una realidad palpable. Así, se inicia una jornada continua de cura y crecimiento, guiada por la sabiduría de que somos plenamente responsables de crear la vida que deseamos vivir.

Capítulo 2
Limpieza Interior

La verdadera transformación personal comienza con la decisión de liberarse de las memorias y creencias que limitan el crecimiento y la felicidad. Este proceso implica una purificación profunda del subconsciente, donde se almacenan experiencias pasadas, emociones reprimidas y patrones de comportamiento que influyen directamente en la forma en que vivimos y nos relacionamos. Al asumir la responsabilidad de estas memorias, se hace posible disolver bloqueos internos, promoviendo la curación emocional y mental. Este camino de autoconocimiento y renovación interior abre espacio para que el ser verdadero florezca, trayendo ligereza, claridad y equilibrio a la vida. La limpieza interior, por lo tanto, no es solo un concepto abstracto, sino una práctica constante de autocomprensión y amor propio, capaz de transformar la manera en que percibimos el mundo y cómo interactuamos con él.

El Subconsciente: Un Océano de Memorias: Imagina nuestro subconsciente como un vasto océano, repleto de memorias, creencias y emociones que se acumulan a lo largo de la vida. Cada experiencia, cada interacción, cada pensamiento deja una marca en este océano interior. Muchas de estas memorias son positivas y nos impulsan hacia el crecimiento, pero también cargamos con memorias dolorosas, traumas y creencias limitantes que actúan como anclas, impidiéndonos alcanzar la plenitud y la felicidad.

Estas memorias negativas se manifiestan en nuestra vida de diversas formas: patrones de comportamiento repetitivos, relaciones disfuncionales, bloqueos creativos, problemas de salud, escasez y dificultades para manifestar nuestros sueños. Mientras estas memorias permanezcan en nuestro subconsciente, continuarán influenciando nuestras elecciones y moldeando nuestra realidad.

Identificar las memorias y creencias que generan desarmonía en la vida es un paso esencial para iniciar el proceso de limpieza interior. Muchas veces, estos patrones limitantes están tan arraigados que pasan desapercibidos, influenciando pensamientos, emociones y comportamientos de manera sutil, pero constante. La autoconciencia se convierte, por lo tanto, en una herramienta fundamental en esta jornada. Observar atentamente las propias reacciones ante situaciones desafiantes puede revelar las raíces profundas de los bloqueos emocionales. Cuando emergen sentimientos recurrentes de ira, miedo, tristeza o frustración, es una señal de que hay memorias antiguas pidiendo ser reconocidas y liberadas.

Este proceso de identificación exige valentía y compasión. Cuestionarse con profundidad — "¿Por qué siempre me siento así?", "¿Qué me impide realmente avanzar?" o "¿Qué creencias sustentan mis limitaciones?" — abre espacio para valiosas reflexiones.

Es importante acoger cada respuesta sin juicios, comprendiendo que cargar con estas memorias forma parte de la experiencia humana. La autocrítica no contribuye a la curación; al contrario, puede reforzar patrones de sufrimiento. La verdadera transformación ocurre cuando se mira hacia adentro con gentileza, reconociendo que cada desafío lleva consigo una oportunidad de crecimiento.

Para ayudar en esta jornada de autoconocimiento y liberación, el Ho'oponopono ofrece herramientas simples, pero profundamente eficaces. Las cuatro frases sagradas — "Lo siento. Perdóname. Te amo. Soy grato." — son la base de esta práctica. Al pronunciarlas con sinceridad, se inicia un proceso de limpieza que va más allá de las palabras, tocando las capas más profundas del subconsciente. Estas frases funcionan como llaves que abren puertas internas, permitiendo que las memorias dolorosas sean reconocidas, aceptadas y finalmente disueltas. Cada palabra lleva una vibración específica: el arrepentimiento reconoce el impacto de las memorias, la petición de perdón libera la culpa, el amor cura y la gratitud consolida la transformación.

La visualización también se presenta como una herramienta poderosa en el proceso de limpieza. Imaginar las memorias negativas como nubes oscuras que lentamente se disipan en el cielo azul o como piedras pesadas siendo suavemente llevadas por la corriente de un río trae una sensación de alivio y ligereza. Estas imágenes mentales ayudan en la deconstrucción de patrones arraigados, permitiendo que la mente y el corazón se abran a nuevas posibilidades.

La respiración consciente complementa este proceso. Al inspirar profundamente, se oxigena el cuerpo y se aclara la mente; al expirar lentamente, se libera la tensión acumulada y las energías estancadas. Este ritmo calmado de la respiración funciona como una invitación a la relajación y al desapego de pensamientos que ya no sirven.

El proceso de limpieza interior ocurre en etapas delicadas e interconectadas. Primero, es necesario traer a la conciencia la memoria o creencia que se desea transformar. No se trata de revivir el dolor, sino de reconocerlo como parte de la trayectoria que necesita ser comprendida y liberada. Al asumir la responsabilidad de esta memoria, se entiende que, independientemente de cómo o cuándo surgió, ahora forma parte del universo interno, y es posible curarla. Luego, la repetición de las frases del Ho'oponopono debe hacerse con entrega y verdad, dirigiendo esta energía de curación a la memoria en cuestión. Al mismo tiempo, la visualización ayuda a materializar este proceso de liberación, y la respiración consciente conduce a la relajación necesaria para que la transformación ocurra de forma natural.

Confiar en el proceso es esencial. La mente muchas veces busca resultados inmediatos, pero la limpieza interior sigue el flujo propio del tiempo y de la profundidad de cada experiencia. Tener fe en la divinidad interior y en el poder de curación personal fortalece este camino. Cada práctica, por más simple que parezca, contribuye a disolver capas de resistencia y abrir espacio para una nueva forma de ser. Este compromiso con la autocuración, repetido día tras día, genera cambios sutiles que, con el tiempo, se reflejan en grandes transformaciones.

Con la continuidad de esta práctica, los efectos comienzan a manifestarse de manera perceptible. Relaciones antes marcadas por la tensión se vuelven más ligeras y armoniosas. Las decisiones se toman con mayor claridad, sin la interferencia de miedos o inseguridades. Obstáculos que parecían insuperables pasan a ser enfrentados con serenidad, y muchas veces se disuelven naturalmente. Este proceso no es abrupto, sino fluido y constante, resultado de una dedicación genuina al autoconocimiento y a la liberación de viejos patrones. La carga emocional del pasado se disuelve poco a poco, dando lugar a una sensación creciente de libertad y autenticidad.

A medida que la mente se purifica, la conexión con la intuición se fortalece. La voz interna se vuelve más clara, guiando decisiones más alineadas con la verdadera esencia. Este equilibrio interior permite ver los desafíos bajo una nueva perspectiva, reconociéndolos como oportunidades de evolución. La paz que surge de este proceso es sólida y consistente, fundamentada en la conciencia de que cada individuo es responsable de cocrear su propia realidad. Este estado de serenidad no depende de las circunstancias externas, sino de la armonía cultivada internamente.

Esta jornada de limpieza interior no es solo un camino de curación, sino también de expansión personal. Al liberarnos de memorias limitantes, creamos espacio para el surgimiento de nuevas posibilidades. El amor propio se fortalece, la gratitud se convierte en un estado natural y la compasión por uno mismo y por los demás florece. Este reencuentro con la esencia más pura del ser trae consigo la sabiduría, la paz y la fuerza necesarias para vivir de forma auténtica. Cada paso en esta jornada es una invitación a estar más presente, más ligero y más verdadero consigo mismo y con el mundo.

Así, la práctica continua de la limpieza interior a través del Ho'oponopono se revela como un camino seguro y profundo de autotransformación. Es un proceso que exige entrega, paciencia y, sobre todo, amor. Al reconocer, aceptar y liberar aquello que nos limita, abrimos espacio para una vida más plena, donde la paz interior no es un ideal distante, sino una realidad palpable. En este flujo constante de curación y crecimiento, cada desafío enfrentado se convierte en una nueva oportunidad de evolución, guiándonos suavemente hacia un estado de equilibrio, armonía y realización.

Con el tiempo, la práctica constante de estas herramientas de limpieza interior comienza a reflejar en cambios perceptibles en la vida cotidiana. Relaciones antes marcadas por conflictos se vuelven más armoniosas, las decisiones pasan a ser tomadas con mayor claridad y confianza, y desafíos que parecían insuperables comienzan a ser superados con ligereza. Esta transformación no ocurre de forma abrupta, sino como un flujo natural, resultado del compromiso diario con el autoconocimiento y la liberación de viejos patrones. El peso de las experiencias pasadas va siendo sustituido por una sensación creciente de libertad y autenticidad.

A medida que la mente se purifica, la conexión con la intuición se fortalece, guiando elecciones más alineadas con la verdadera esencia. Este estado de equilibrio interior permite ver la vida con nuevos ojos, donde cada desafío se transforma en una oportunidad de crecimiento y aprendizaje. La paz que emerge de este proceso no es frágil ni pasajera, sino profunda y consistente, sustentada por la conciencia de que somos cocreadores de nuestra realidad. Así, la jornada de limpieza interior se revela como un camino continuo de expansión y evolución personal.

Cultivar este espacio interno de serenidad y claridad abre puertas para una existencia más plena y significativa. Cuando nos liberamos de las ataduras del pasado, creamos espacio para nuevas experiencias y posibilidades, permitiendo que el amor propio, la gratitud y la compasión florezcan naturalmente. Este es el verdadero propósito de la limpieza interior: proporcionar un reencuentro con la esencia más pura del ser, donde reside la sabiduría, la paz y la fuerza necesaria para vivir con autenticidad. Así, cada paso en esta jornada se convierte en una invitación a vivir con más presencia, ligereza y verdad.

Capítulo 3
La Esencia de la Curación

El Amor Incondicional representa la fuerza más pura y transformadora capaz de promover la verdadera curación interior. Nace de la aceptación total de quienes somos y se extiende sin reservas a todos los seres, sin juicios ni condiciones. Esta energía amorosa trasciende limitaciones, disolviendo barreras emocionales y mentales que impiden el flujo natural de la armonía y la paz. Cuando abrazamos esta forma de amor, permitimos que los sentimientos de perdón, compasión y gratitud fluyan libremente, creando espacio para la reconciliación con nosotros mismos y con el mundo que nos rodea. Este amor es la expresión máxima de nuestra esencia divina, una conexión directa con la fuente creadora, que nos impulsa a vivir con más ligereza, comprensión y equilibrio.

Al permitir que el Amor Incondicional guíe nuestros pensamientos y acciones, abrimos camino para una transformación profunda. Nos invita a mirar nuestras propias imperfecciones con gentileza, reconociendo que nuestros errores y desafíos forman parte de la jornada de evolución. Este amor también nos enseña a ver al otro con empatía, comprendiendo que todos cargan historias y cicatrices que influyen en sus actitudes. Con esto, aprendemos a liberar resentimientos y juicios, sustituyéndolos por aceptación y compasión. Este movimiento interno crea una base sólida para el perdón verdadero, donde la curación emocional se hace posible y las relaciones se fortalecen por la comprensión mutua.

Vivir el Amor Incondicional diariamente es un compromiso con el autocuidado y con la expansión de la conciencia. Al nutrir este amor dentro de nosotros, cultivamos un ambiente interno más ligero y saludable, reflejando esta energía positiva en nuestras relaciones y en el entorno que nos rodea. Esta práctica continua amplía nuestra capacidad de amar, fortalece nuestra conexión con el universo y nos convierte en instrumentos de curación y transformación. Así, el Amor Incondicional no solo restaura nuestra propia esencia, sino que también inspira cambios positivos en el mundo, promoviendo la paz, la unión y el equilibrio colectivo.

El amor que trasciende limitaciones es la esencia de la verdadera curación. Este amor incondicional no impone condiciones, no juzga y no espera nada a cambio. Simplemente es. Nace del reconocimiento de la propia divinidad interior y se extiende a todos los seres, disolviendo barreras construidas por el ego y por las experiencias dolorosas del pasado. Este amor puro y absoluto no distingue errores o aciertos, sino que acoge todo como parte del proceso de evolución. En el contexto del Ho'oponopono, el amor incondicional es el cimiento que sustenta la práctica, siendo la fuerza silenciosa que impulsa la curación emocional, mental y espiritual. Es a través de este amor que nos abrimos al perdón, reconociendo que tanto nuestras fallas como las de los demás forman parte de un camino mayor de aprendizaje.

Practicar el Ho'oponopono con amor incondicional significa ir más allá del deseo de aliviar el sufrimiento momentáneo. Significa envolver las memorias dolorosas con comprensión y ternura, sin resistencia ni juicio. En lugar de alimentar resentimientos o culpas, elegimos dirigir amor a las partes de nosotros mismos que aún están heridas. Este gesto simple, pero poderoso, inicia una transformación profunda, pues cada memoria guardada en nuestro subconsciente es suavemente envuelta por esta energía curativa. Reconocemos que incluso los recuerdos más dolorosos tienen un propósito y que merecen ser mirados con compasión, para luego ser liberados.

Esta práctica nos enseña que todos estamos en constante evolución, cargando historias y heridas que moldean nuestras acciones. El amor incondicional nos permite ver al otro con empatía, comprendiendo que cada persona actúa conforme al bagaje emocional que carga. Así, no hay más espacio para juicios o críticas, solo para la aceptación plena. Esta aceptación crea un ambiente propicio para el perdón verdadero, no aquel que busca justificar u olvidar, sino el que comprende y libera. Este movimiento interno no solo alivia el dolor, sino que fortalece las relaciones, creando lazos basados en la comprensión mutua y en el respeto.

Sin embargo, para que podamos ofrecer este amor al mundo, es preciso que florezca primeramente dentro de nosotros. El amor propio es el primer paso en esta jornada. Amarse incondicionalmente implica aceptar cada parte de sí, incluyendo las fallas, las debilidades y los momentos de vulnerabilidad. Significa perdonarse por los errores cometidos y acogerse con gentileza. Este amor propio no es un acto de egoísmo, sino una expresión de respeto y cuidado con la propia existencia. Es comprender que, al cuidar de sí mismo con cariño, se crea una base sólida para amar a los demás de forma genuina.

Para cultivar este amor incondicional, algunas prácticas pueden ser incorporadas al día a día. El autoconocimiento es fundamental. Reservar momentos para reflexionar sobre los propios pensamientos, emociones y comportamientos permite identificar creencias y patrones que necesitan ser resignificados. Este proceso exige sinceridad y disposición para encarar aspectos internos que, muchas veces, preferimos evitar. El perdón, tanto a sí mismo como a los demás, es otra práctica esencial. Liberar rencores y resentimientos abre espacio para que el amor fluya con más ligereza. La compasión también desempeña un papel central, pues reconoce que todos enfrentan desafíos y que el dolor es una experiencia universal.

La gratitud es otro camino poderoso para fortalecer el amor incondicional. Al agradecer por las experiencias, incluso aquellas que trajeron dolor, reconocemos que todo contribuye a nuestro crecimiento. Esta actitud positiva transforma la forma en que percibimos la vida y profundiza nuestra conexión con el presente. La meditación, por su parte, silencia la mente y permite que nos conectemos con el corazón, donde reside el amor puro. Afirmaciones positivas también son herramientas eficaces, pues reprograman la mente para reconocer el propio valor y la conexión con la esencia divina. Frases como "Me amo y me acepto plenamente" o "Soy digno de amor y felicidad" refuerzan esta vibración amorosa.

El amor incondicional, cuando se cultiva, tiene un poder transformador que va más allá del individuo. Se expande naturalmente, alcanzando a quienes nos rodean y creando ondas de curación y armonía. Pequeños gestos de bondad, comprensión y empatía se convierten en semillas de transformación. Cuando elegimos actuar con amor, contribuimos a un ambiente más pacífico y compasivo. Cada actitud amorosa reverbera, creando un impacto positivo que se extiende más allá de nuestras relaciones personales e influencia al colectivo.

Esta comprensión profunda de que todos estamos interconectados nos lleva a valorar nuestras elecciones diarias. Pasamos a actuar con más responsabilidad emocional, reconociendo que nuestros pensamientos, palabras y acciones tienen el poder de construir o destruir. El respeto por las diferencias, la escucha atenta y la disposición a ayudar al prójimo se convierten en expresiones naturales de este amor sin límites. Así, la práctica del amor incondicional nos llama a la acción, invitándonos a ser agentes de paz y transformación en el mundo.

Esta energía amorosa, cuando se vive plenamente, nos recuerda que curar al otro es también curarnos a nosotros mismos. El dolor que reconocemos en el otro refleja, muchas veces, heridas que aún no han sido curadas dentro de nosotros. Al ofrecer comprensión y cariño al prójimo, también suavizamos nuestros propios dolores. Este ciclo continuo de dar y recibir amor fortalece la sensación de unidad, disolviendo la ilusión de la separación. Percibimos, entonces, que el camino para la curación colectiva comienza con nuestra propia disposición de amar sin condiciones.

Así, el amor incondicional se revela como una invitación diaria a vivir con más verdad y presencia. Al elegir amar sin reservas, abrazamos todas las experiencias de la vida, reconociendo que cada desafío trae consigo una oportunidad de aprendizaje y crecimiento. Este amor transforma dolores en sabiduría, acerca corazones e ilumina los caminos. Nos recuerda que somos parte de algo mayor y que, al cultivarlo en nosotros, contribuimos a un mundo más justo, armonioso y compasivo.

Seguir por este camino es permitirse ser conducido por una fuerza sutil y poderosa, capaz de disolver barreras internas y externas. Es confiar en que, al vivir guiado por el amor, estamos siempre en el camino correcto. Esta elección nos lleva a una existencia más ligera, auténtica y plena, donde cada paso está impregnado por la paz y la profunda conexión con todo lo que existe. Así, el amor incondicional se convierte no solo en una práctica, sino en un modo de ser, un estado natural que transforma vidas e inspira la construcción de un mundo más amoroso y equilibrado.

Esta energía amorosa se expande naturalmente, alcanzando a aquellos con quienes convivimos e inspirando cambios sutiles, pero profundos. Pequeños gestos de comprensión y empatía se convierten en semillas de transformación, capaces de suavizar conflictos y fortalecer lazos. A medida que nos convertimos en canales de esta fuerza curativa, percibimos que cada actitud amorosa reverbera más allá de nosotros, creando ondas de equilibrio y serenidad que tocan al colectivo. Así, el Amor Incondicional deja de ser solo una práctica individual y se transforma en un movimiento silencioso de curación que atraviesa fronteras y conecta corazones.

Al comprender que todos estamos interconectados por esta misma esencia, pasamos a valorar la importancia de nuestras elecciones diarias. El respeto por las diferencias, la escucha atenta y la disposición a ayudar se convierten en expresiones naturales de este amor que no conoce límites. Esta conciencia despierta en nosotros la responsabilidad de actuar con más gentileza y compasión, reconociendo que cada gesto positivo contribuye a un mundo más justo y armonioso. En este camino, percibimos que curar al otro es, también, una forma de curarnos a nosotros

De esta manera, cultivar el Amor Incondicional es más que un ejercicio de autoconocimiento; es una invitación a vivir de forma más plena y verdadera. Cuando elegimos amar sin condiciones, abrazamos la totalidad de la experiencia humana y nos alineamos con la sabiduría universal. Este amor transforma dolores en aprendizajes, fortalece las relaciones e ilumina el camino hacia una existencia más ligera y auténtica. Así, seguimos adelante, permitiendo que esta fuerza sutil y poderosa nos conduzca, paso a paso, hacia una vida de cura, paz y profunda conexión con todo lo que existe.

Capítulo 4
El Mantra de la Curación

Las cuatro frases del Ho'oponopono — "Lo siento. Perdóname. Te amo. Soy grato." — representan una poderosa síntesis de cura y transformación personal. Cada palabra lleva una vibración única que actúa directamente en el subconsciente, promoviendo la limpieza de memorias y patrones limitantes que moldean nuestra realidad. Este mantra no es solo una secuencia de palabras, sino una invitación profunda a la autorresponsabilidad, al perdón, al amor incondicional y a la gratitud. Cuando son expresadas con sinceridad, estas frases desencadenan un proceso de purificación interior, permitiendo la reconciliación con nosotros mismos y con el mundo a nuestro alrededor. Este flujo continuo de reconocimiento, liberación, amor y gratitud crea una base sólida para la paz interior y el equilibrio emocional.

Al integrar estas frases en lo cotidiano, cada una de ellas actúa como un paso esencial en el camino de la autocura. "Lo siento" abre espacio para el reconocimiento de las propias limitaciones y la aceptación de la responsabilidad por todo lo que se manifiesta en nuestra vida. "Perdóname" suaviza la relación con el pasado y permite la liberación de culpas y resentimientos. "Te amo" envuelve todas las experiencias, inclusive las dolorosas, con compasión y comprensión, transmutando energías densas en ligereza. Por último, "Soy grato" amplía la percepción de las bendiciones presentes, conectándonos con la abundancia y favoreciendo la creación de una realidad más armoniosa. Este ciclo continuo no solo transforma al individuo, sino que también irradia efectos positivos en todas las áreas de la vida.

Practicar el Ho'oponopono con dedicación e intención consciente es permitir que estas cuatro frases actúen como instrumentos de renovación constante. No exigen momentos específicos o rituales complejos; pueden ser repetidas silenciosamente en momentos de desafío, escritas como afirmaciones diarias o integradas a prácticas de meditación. Con el tiempo, esta repetición sincera disuelve bloqueos emocionales y mentales, trayendo claridad, serenidad y una profunda conexión con la esencia divina. Este proceso de cura continua permite que el amor y la paz fluyan libremente, transformando la percepción de la vida y abriendo caminos para una existencia más plena y significativa.

La frase "Lo siento" representa el primer paso en la jornada de cura del Ho'oponopono. Es una expresión sincera de reconocimiento y aceptación de la responsabilidad sobre todo lo que acontece en nuestra vida. Este reconocimiento no significa asumir culpa, sino comprender que las memorias y creencias acumuladas en nuestro subconsciente influencian la manera como percibimos e interactuamos con el mundo. Decir "Lo siento" es un acto de humildad y valentía, pues implica mirar hacia dentro de uno mismo y admitir que, consciente o inconscientemente, contribuimos a los desafíos que enfrentamos. Esta frase abre las puertas a la autoconciencia, permitiendo que reconozcamos las limitaciones que nos impiden avanzar. Al acoger nuestras fallas e imperfecciones, creamos espacio para el inicio de la transformación.

En seguida, la frase "Perdóname" surge como un pedido de liberación. No se trata de implorar perdón a alguien externo, sino de buscar la reconciliación con la propia divinidad interior, con aquella parte de nosotros que es pura, amorosa y conectada con el todo. Este pedido de perdón es un gesto de profundo respeto y reconocimiento de que las memorias negativas y los patrones limitantes necesitan ser curados. Al decir "Perdóname", reconocemos que no somos perfectos, que erramos y que, muchas veces, cargamos dolores innecesarios. Es también una invitación a soltar las amarras del pasado, liberando culpas, arrepentimientos y resentimientos. Este perdón se extiende a nosotros mismos y a los otros, abriendo espacio para la compasión y para la ligereza emocional. Así, liberamos la energía estancada que nos impide evolucionar y caminamos con más libertad.

La tercera frase, "Te amo", es la expresión máxima de amor incondicional. Esta declaración tiene el poder de transmutar cualquier energía densa, envolviendo memorias dolorosas con luz y compasión. Al repetir "Te amo", no nos referimos solo a otra persona, sino también a las partes de nosotros que necesitan de cura. Este amor es dirigido a nuestros dolores, a nuestras fallas, a las memorias negativas e incluso a las situaciones desafiantes. Amar estos aspectos de nuestra experiencia significa aceptar la totalidad de lo que somos, reconociendo que cada parte de nosotros, incluso las que juzgamos indeseables, merece ser acogida. El amor es una fuerza transformadora, capaz de disolver barreras internas y crear espacio para el crecimiento. Nos conecta con el flujo universal de armonía y equilibrio, permitiendo que la paz interior se establezca.

Por último, la frase "Soy grato" completa el ciclo de cura con la energía de la gratitud. Al expresar gratitud, reconocemos la abundancia y las bendiciones presentes en nuestra vida, incluso ante los desafíos. Esta actitud nos coloca en sintonía con el flujo natural del universo, permitiendo que más experiencias positivas se manifiesten. La gratitud no solo refuerza el reconocimiento de las lecciones aprendidas, sino que también fortalece la conexión con la divinidad interior. Cuando somos gratos, no resistimos al presente, sino que lo aceptamos plenamente, reconociendo que cada experiencia tiene un propósito. La gratitud suaviza la mente, expande el corazón y nos mantiene alineados con la abundancia y la armonía. Así, cierra el ciclo iniciado por el reconocimiento, por el perdón y por el amor, consolidando el proceso de cura y transformación.

Estas cuatro frases, cuando son repetidas con sinceridad e intención, crean una poderosa sinergia. Juntas, forman un ciclo continuo de reconocimiento, liberación, transmutación y gratitud. La práctica consistente de este mantra no exige horarios específicos o rituales elaborados; basta integrarlo a lo cotidiano. Puede ser repetido silenciosamente en momentos de estrés, en pensamientos, escrito en diarios o usado como foco en prácticas meditativas. Con el tiempo, esta repetición constante actúa directamente en el subconsciente, disolviendo bloqueos emocionales y mentales. Este proceso no elimina los desafíos de la vida, sino que transforma la manera como nos relacionamos con ellos, volviéndonos más resilientes, compasivos y centrados.

La simplicidad de estas frases es justamente lo que las vuelve tan poderosas. Acceden a las capas más profundas de la mente y del corazón, promoviendo una limpieza que no es solo mental, sino también energética y espiritual. Este trabajo interno se refleja directamente en la forma como lidiamos con el mundo exterior. Relaciones antes conflictivas se vuelven más armoniosas, decisiones difíciles son tomadas con más claridad y los desafíos son encarados con más serenidad. La práctica continua del Ho'oponopono nos invita a vivir de manera más consciente, asumiendo la responsabilidad por nuestra propia realidad y reconociendo el poder que tenemos de transformarla.

Incorporar este mantra en el día a día amplía nuestra percepción sobre la interconexión entre nuestros pensamientos, emociones y acciones. Situaciones antes vistas como obstáculos comienzan a ser percibidas como oportunidades de crecimiento y aprendizaje. Este cambio de perspectiva influye positivamente no solo en nuestra vida personal, sino también en la forma como nos relacionamos con los otros. La armonía interna que desarrollamos se extiende a nuestras relaciones, promoviendo empatía, comprensión y colaboración. Gradualmente, nos convertimos en agentes de transformación, esparciendo amor y equilibrio no solo en nosotros mismos, sino también en el ambiente en que vivimos.

Al practicar el Ho'oponopono con constancia, percibimos que cada palabra pronunciada con intención es un paso firme en dirección a la cura y al autoconocimiento. Este flujo continuo de amor, perdón y gratitud nos reconecta con nuestra esencia divina y con el flujo armonioso de la vida. El proceso de purificación que se inicia con "Lo siento" y se completa con "Soy grato" no solo nos libera de patrones limitantes, sino que también nos orienta hacia una existencia más ligera, auténtica y plena. Así, caminamos con más claridad, permitiendo que la sabiduría interior nos conduzca en cada elección, en cada paso.

En este movimiento constante de limpieza y renovación, descubrimos que la verdadera paz no está en las circunstancias externas, sino en la armonía cultivada internamente. El Ho'oponopono, a través de su mantra simple y profundo, nos recuerda que tenemos dentro de nosotros todo lo que necesitamos para curar, crecer y transformar nuestra realidad. Y así, seguimos adelante, guiados por la fuerza del amor, por el poder del perdón y por la abundancia de la gratitud, permitiendo que cada palabra entonada sea un eslabón entre nosotros y la paz que tanto buscamos.

Con la práctica continua del Ho'oponopono, se percibe que el verdadero poder de estas cuatro frases está en la simplicidad con la que acceden a capas profundas de la mente y del corazón. Cada repetición sincera actúa como una semilla de transformación, cultivando un estado de presencia y equilibrio. Este proceso no elimina los desafíos de la vida, sino que cambia la manera como nos relacionamos con ellos, volviéndonos más resilientes y compasivos. La armonía interna conquistada se refleja en nuestras acciones, creando una realidad más ligera y alineada con nuestra esencia.

Al integrar el mantra de la cura en cada aspecto de la vida, desarrollamos una percepción más amplia de la interconexión entre nuestros pensamientos, emociones y el mundo a nuestro alrededor. Las situaciones que antes parecían insuperables pasan a ser vistas como oportunidades de aprendizaje y crecimiento. Esta mirada más amorosa y acogedora abre espacio para relaciones más auténticas y para una convivencia más armoniosa. Gradualmente, nos convertimos en agentes de transformación, esparciendo paz y amor no solo para nosotros mismos, sino también para aquellos que cruzan nuestro camino.

De esta forma, el Ho'oponopono se revela como una práctica continua de liberación y reconciliación. Cada palabra pronunciada con intención se transforma en un paso hacia la cura y el autoconocimiento. Así, seguimos caminando con más ligereza y claridad, permitiendo que el flujo de amor, perdón y gratitud guíe nuestras elecciones. Y, en este movimiento constante de purificación y renovación, descubrimos la verdadera esencia de la paz interior y la capacidad infinita que tenemos de transformar nuestra realidad.

Capítulo 5
Manifestando tus Deseos

La mente humana posee un potencial extraordinario para transformar la realidad, influenciando directamente nuestros pensamientos, emociones y acciones. En Ho'oponopono, este poder se canaliza a través de la visualización creativa, una práctica que permite acceder y reprogramar el subconsciente para eliminar memorias y creencias limitantes. Esta técnica actúa como un medio eficaz de limpiar bloqueos internos y crear un ambiente mental propicio para la realización de deseos y objetivos. Al enfocar la atención en imágenes mentales claras y cargadas de emoción, se desencadena una respuesta neurológica que fortalece la conexión entre intención y acción, impulsando cambios concretos en la vida cotidiana.

La eficacia de la visualización creativa está fundamentada en la forma en que el cerebro procesa experiencias reales e imaginadas de manera similar. Cuando una escena es mentalmente construida con riqueza de detalles sensoriales, el cerebro responde como si esa vivencia estuviera ocurriendo de hecho, estimulando la creación de nuevas conexiones neuronales e influenciando positivamente comportamientos y sentimientos. En el contexto del Ho'oponopono, esta práctica se vuelve aún más potente al ser asociada a las cuatro frases fundamentales ("Lo siento. Perdóname. Te amo. Soy grato."), que promueven una profunda limpieza emocional. Este proceso de reprogramación mental permite sustituir patrones negativos por pensamientos constructivos, favoreciendo el alcance de metas personales y el bienestar emocional.

    Al incorporar la visualización creativa en el Ho'oponopono, es posible acceder a áreas de la mente que almacenan memorias y creencias que limitan el crecimiento personal. La práctica consistente de esta técnica no solo fortalece la autoconfianza, sino que también amplía la percepción de posibilidades, creando una base sólida para cambios significativos. Este alineamiento entre mente y emoción contribuye a una transformación interior genuina, abriendo espacio para la cura emocional y para la manifestación de una vida más equilibrada, abundante y armoniosa.

    El poder de la mente humana es vasto y profundamente influyente en la construcción de la realidad que experimentamos. Dentro del Ho'oponopono, este potencial es canalizado de forma consciente por medio de la visualización creativa, una práctica que permite acceder y reprogramar el subconsciente, disolviendo memorias y creencias limitantes que impiden el flujo natural de la vida. Al utilizar la mente para formar imágenes mentales vívidas y cargadas de emoción, se crea un campo de energía favorable a la manifestación de deseos y objetivos. Este proceso no solo favorece la realización de metas, sino que también promueve una verdadera transformación interior, permitiendo que la cura emocional y mental acontezca de forma natural y continua.

La base de la visualización creativa está en el principio de que la mente no distingue lo que es real de lo que es imaginado. Cuando visualizamos con riqueza de detalles y envolvemos esa imagen con emociones auténticas, el cerebro reacciona como si aquello estuviera realmente aconteciendo. Esta respuesta neurológica activa nuevas conexiones neuronales, reforzando patrones de comportamiento positivos y eliminando antiguos condicionamientos. En el contexto del Ho'oponopono, esta técnica se vuelve aún más poderosa cuando combinada con las cuatro frases fundamentales: "Lo siento. Perdóname. Te amo. Soy grato." Estas palabras sagradas actúan como un catalizador para la limpieza de bloqueos internos, potencializando el proceso de manifestación de una realidad más armoniosa.

Al integrar la visualización creativa a la práctica del Ho'oponopono, es posible acceder a las capas más profundas de la mente, donde memorias y creencias limitantes están almacenadas. Este acceso permite no solo reconocer estos patrones, sino también transmutarlos por medio del amor, del perdón y de la gratitud. La práctica constante fortalece la autoconfianza, expande la percepción de posibilidades y crea una base sólida para cambios significativos. Así, el alineamiento entre pensamiento y emoción se convierte en un poderoso instrumento de transformación, promoviendo la manifestación de una vida más equilibrada, abundante y plena.

Para utilizar la visualización de forma eficaz, es esencial seguir algunos pasos que profundizan la conexión con la intención deseada. El primer paso es definir con claridad el objetivo que se desea manifestar. Tener una visión detallada y específica de lo que se quiere alcanzar es fundamental, pues la mente responde mejor a imágenes concretas y sensoriales. En seguida, encontrar un ambiente tranquilo, donde sea posible relajarse y enfocar la atención, ayuda a profundizar la experiencia. Cerrar los ojos, respirar profundamente y permitir que la mente se calme es el inicio de este proceso.

Durante la visualización, es importante imaginar la situación deseada con todos los detalles posibles: colores, sonidos, aromas, texturas y, principalmente, las emociones que surgirían al vivenciar esa experiencia. La emoción es el combustible de la visualización, pues da vida a la creación mental y fortalece el vínculo entre intención y manifestación. Mientras se visualiza, la repetición de las cuatro frases del Ho'oponopono — "Lo siento. Perdóname. Te amo. Soy grato." — potencializa aún más la práctica, limpiando memorias que puedan estar bloqueando el camino para la realización.

La gratitud desempeña un papel fundamental en este proceso. Agradecer anticipadamente como si el deseo ya se hubiera concretizado refuerza la confianza en el flujo de la vida y abre espacio para que la abundancia se manifieste. Este sentimiento genuino de gratitud eleva la frecuencia energética y alinea la mente y el corazón con la realización de los objetivos.

Además de visualizar la realización de deseos, es posible aplicar la visualización creativa para limpiar memorias y creencias limitantes. Imaginar estas memorias como nubes oscuras que se disipan en el cielo o como piedras siendo llevadas por la corriente de un río ayuda a liberar estos bloqueos de forma leve y fluida. Sentir la ligereza y la libertad que esta imagen proporciona refuerza el proceso de purificación y crea espacio para nuevas posibilidades.

Para obtener resultados consistentes con la visualización creativa, es esencial mantener una práctica regular. Dedicar algunos minutos diarios para esta conexión interna fortalece el hábito y profundiza la experiencia. La paciencia también es fundamental, pues la manifestación de deseos sigue el ritmo natural de la vida. Confiar en el proceso y mantener la fe en la realización son actitudes que sustentan el camino. Además, mantener el foco durante la práctica evita distracciones y refuerza la claridad de la intención. Combinar la visualización con afirmaciones positivas fortalece aún más la creencia en la capacidad de transformar la realidad.

Con el tiempo, la práctica constante de la visualización creativa aliada al Ho'oponopono comienza a producir cambios perceptibles. Pequeñas transformaciones internas se reflejan en nuevas oportunidades, encuentros significativos y soluciones inesperadas que surgen de manera fluida. Este alineamiento continuo entre mente, emoción y acción fortalece la conexión con el presente, permitiendo que los deseos sean nutridos con paciencia y confianza.

Esta práctica no se limita a un simple ejercicio mental, sino que se transforma en un modo de vivir. Cada pensamiento, emoción y acción pasan a ser guiados por la consciencia de que la realidad externa es un reflejo directo del mundo interno. Así, cultivar pensamientos positivos y emociones elevadas se convierte en una forma de alinearse con las mejores posibilidades para la manifestación de los deseos. Este proceso no exige esfuerzo desmedido, sino una entrega consciente al flujo de la vida, donde la claridad de intención y la confianza en el resultado son pilares esenciales.

A medida que esta comprensión se profundiza, manifestar deseos deja de ser tan solo la realización de metas externas y se revela como una jornada de autoconocimiento y evolución. El Ho'oponopono, combinado con la visualización creativa, no solo auxilia en la conquista de objetivos, sino que promueve una transformación profunda. Esta transformación libera al ser de limitaciones y abre espacio para una vida más leve, auténtica y alineada con la verdadera esencia.

Así, cada pensamiento limpio, cada emoción sincera y cada intención clara se convierten en semillas de transformación. Estas semillas florecen en una realidad alineada con la esencia más pura del ser, permitiendo que la vida fluya con más armonía, equilibrio y realización. El Ho'oponopono, al unir cura y manifestación, nos conduce a un estado de presencia plena, donde cada paso dado es guiado por la sabiduría interior y por el poder creativo de la mente y del corazón.

Al profundizar en la práctica de la visualización creativa aliada al Ho'oponopono, es esencial comprender que cada pensamiento y emoción emitidos reverberan en el universo como frecuencias energéticas. Esta vibración atrae experiencias similares, moldeando la realidad conforme la calidad de esas energías. Así, cultivar pensamientos positivos y emociones elevadas no es solo un ejercicio mental, sino una forma de alinearse con las posibilidades más favorables para la manifestación de tus deseos. Este proceso no depende de un esfuerzo físico desmedido, sino de una entrega consciente al flujo natural de la vida, donde la claridad de intención y la confianza en el resultado se convierten en pilares fundamentales.

A medida que esta práctica se integra al cotidiano, la percepción de las circunstancias a nuestro alrededor comienza a transformarse. Pequeñas mudanzas internas se reflejan en nuevas oportunidades, encuentros significativos y soluciones inesperadas que surgen de manera fluida. Este alineamiento continuo entre mente, emoción y acción fortalece la conexión con el presente, permitiendo que los deseos sean nutridos con paciencia y persistencia. La visualización, entonces, deja de ser un acto aislado y se convierte en parte de una vivencia diaria, donde cada elección y pensamiento son guiados por la consciencia de que la realidad externa es un reflejo del mundo interno.

Con esta comprensión enraizada, el proceso de manifestar deseos se revela como una jornada de autoconocimiento y evolución. El Ho'oponopono, combinado con la visualización creativa, no solo auxilia en la conquista de objetivos, sino que también promueve una transformación profunda, liberando al ser de limitaciones y abriendo espacio para una existencia más leve y plena. Así, cada pensamiento limpio, cada emoción sincera y cada intención clara se unen para construir una realidad alineada con la esencia verdadera, permitiendo que la vida fluya con más armonía, equilibrio y realización.

Capítulo 6
Anclándose en el Presente

Estar plenamente presente es una experiencia transformadora que nos permite acceder a la paz interior y a la claridad mental, incluso ante las presiones diarias. La conexión con el ahora no solo calma la mente agitada, sino que también fortalece la percepción de la realidad a nuestro alrededor, promoviendo un estado de equilibrio y armonía. La respiración consciente surge como una herramienta esencial en este proceso, funcionando como un enlace directo entre cuerpo y mente. Al dirigir la atención al flujo respiratorio, es posible disolver tensiones acumuladas, reducir la ansiedad y crear un espacio interno de serenidad, donde emociones y pensamientos son observados sin juicio. Esta práctica simple, pero profunda, nos ofrece la oportunidad de interrumpir el flujo automático de preocupaciones y cultivar una presencia auténtica y tranquila.

El acto de respirar profundamente y con consciencia activa mecanismos naturales de relajación en el cuerpo, reduciendo la respuesta al estrés y promoviendo una sensación de seguridad y bienestar. Este estado de calma no solo beneficia la salud física, sino que también amplía la capacidad de lidiar con desafíos emocionales de forma más equilibrada. Al integrar la respiración consciente al cotidiano, se vuelve posible desacelerar el ritmo mental, permitiendo que pensamientos y sentimientos fluyan de manera más leve y natural. Este proceso nos conduce a una percepción más clara de nosotros mismos y de nuestras reacciones, favoreciendo elecciones más conscientes y alineadas con nuestros verdaderos deseos.

Cultivar la consciencia del presente a través de la respiración crea un espacio interno propicio para el autoconocimiento y la autocompasión. Al anclarnos en el momento presente, aprendemos a valorar cada instante y a reconocer la profundidad de las experiencias simples. Este estado de atención plena fortalece la conexión con nuestra esencia, promoviendo la cura emocional y el equilibrio interior. Incorporar esta práctica al Ho'oponopono potencializa su poder de transformación, pues nos permite limpiar memorias limitantes con más profundidad y autenticidad. Así, la respiración consciente se convierte en un portal para una vida más plena, tranquila y conectada con lo que realmente importa.

La respiración es el puente sutil y constante que une cuerpo y mente, un flujo invisible de energía vital que sustenta no solo la vida física, sino también el equilibrio emocional y mental. Con cada inspiración, absorbemos el prana, la fuerza vital que revigora el cuerpo, mientras que la expiración lleva consigo no solo el dióxido de carbono, sino también residuos emocionales y tensiones acumuladas. Sin embargo, cuando nos enfrentamos a momentos de estrés o ansiedad, nuestra respiración se acorta y se acelera, reflejando el caos interno e intensificando malestares físicos y mentales. El cuerpo se endurece, los músculos se contraen y la mente se fragmenta, creando un ciclo vicioso de desconexión con el presente.

Es en este escenario que la respiración consciente surge como un antídoto simple, pero profundamente eficaz. Al redirigir la atención hacia el acto de respirar, somos invitados a percibir el aire que llena los pulmones, la suave expansión del abdomen y la liberación tranquila durante la expiración. Este foco deliberado nos ancla en el ahora, disolviendo la niebla de pensamientos inquietos y proporcionando un refugio de calma. Cada ciclo respiratorio se transforma en un recordatorio sutil de que la paz está siempre accesible, bastando tan solo una pausa para reconectarnos.

Los beneficios de esta práctica se extienden de manera integral. La respiración consciente activa el sistema nervioso parasimpático, responsable de promover la relajación y neutralizar la respuesta de "lucha o huida" que tanto desgasta el cuerpo. La ansiedad se disuelve lentamente, sustituida por una sensación de seguridad y estabilidad. Además, la mente se vuelve más clara y enfocada, permitiendo una concentración más aguda en las tareas del día a día. Esta claridad mental abre espacio para decisiones más ponderadas y reacciones emocionales más equilibradas, evitando respuestas impulsivas y desproporcionadas a los desafíos que surgen.

Más que un alivio momentáneo, la práctica continua de la respiración consciente profundiza la autoconsciencia. Al observar el ritmo respiratorio, también nos volvemos más atentos a los pensamientos que surgen, a las emociones que nos atraviesan y a las tensiones que se instalan silenciosamente en el cuerpo. Este autoconocimiento gradual permite reconocer patrones emocionales y conductuales, creando la oportunidad de transformarlos. Así, emociones como la ira, el miedo o la tristeza dejan de ser fuerzas incontrolables y pasan a ser experiencias comprendidas y procesadas con más serenidad.

En el campo físico, los impactos positivos son igualmente notables. La respiración profunda y rítmica amplía la oxigenación del cuerpo, nutriendo células y órganos con más eficiencia. Este flujo enriquecido fortalece el sistema inmunológico, regula la presión arterial y mejora la salud cardiovascular. El cuerpo, al ser abastecido con aire de forma plena, responde con vitalidad y equilibrio, reflejando directamente en el bienestar general. Así, cuidar de la respiración es también cuidar de la salud en su totalidad.

Al anclarse en el momento presente a través de la respiración, la percepción de la vida se transforma. Pequeños detalles antes desapercibidos cobran significado, y el cotidiano revela matices de belleza y profundidad. Cada inspiración se convierte en una oportunidad de agradecer por la vida, mientras que cada expiración invita al desapego y a la ligereza. Este estado de atención plena nos conecta de forma más genuina con el mundo a nuestro alrededor, despertando una sensación de pertenencia y armonía con el flujo natural de la existencia.

Existen diversas formas de cultivar esta consciencia respiratoria. La respiración abdominal, por ejemplo, es una técnica simple que puede ser practicada en cualquier momento. Al colocar una mano sobre el abdomen y otra sobre el pecho, somos invitados a percibir cómo el aire llena la parte inferior de los pulmones, promoviendo una respiración más profunda y completa. Este movimiento natural no solo relaja el cuerpo, sino que también aquieta la mente, creando un espacio de tranquilidad.

Otra técnica poderosa es la respiración alternada, que equilibra los hemisferios cerebrales y estabiliza la energía interna. Al inspirar por una fosa nasal y espirar por la otra de forma rítmica, el cuerpo y la mente entran en sincronía, disolviendo tensiones y trayendo claridad mental. Este flujo alternado suaviza emociones extremas y favorece una sensación de centramiento, volviéndose especialmente útil en momentos de agitación emocional.

La técnica 4-7-8 también ofrece un enfoque simple y eficaz. Inspirar profundamente por la nariz durante cuatro segundos, retener el aire durante siete segundos y espirar lentamente por la boca durante ocho segundos crea un ritmo que desacelera el cuerpo y calma la mente. Este patrón respiratorio, repetido durante algunos minutos, actúa como un sedante natural, siendo particularmente eficaz para reducir la ansiedad y facilitar el sueño.

Integrar estas prácticas a la filosofía del Ho'oponopono potencializa aún más sus efectos. Antes de iniciar la repetición de las cuatro frases ("Lo siento. Perdóname. Te amo. Soy grato(a)"), dedicar algunos minutos a la respiración consciente ayuda a limpiar la mente y a establecer una conexión más profunda con el momento presente. Durante la práctica, respirar profundamente con cada frase permite que la energía de estas palabras penetre con más intensidad, promoviendo una limpieza emocional más auténtica. La respiración, en este contexto, se convierte en un canal para liberar memórias dolorosas y emociones reprimidas con más suavidad.

En momentos de estrés, combinar la respiración consciente con el Ho'oponopono ofrece un alivio inmediato y profundo. Al pausar y respirar con intención, podemos repetir las cuatro frases como un mantra, permitiendo que cada palabra se entrelace con el flujo respiratorio. Este movimiento consciente disuelve gradualmente las emociones negativas, transformando el malestar en aceptación y serenidad. Así, el proceso de cura se da de forma más orgánica y accesible.

Permitirse respirar con plena atención es, por lo tanto, una invitación silenciosa a la cura y al autoconocimiento. Cada ciclo respiratorio lleva el potencial de renovar el cuerpo y aclarar la mente, disolviendo bloqueos emocionales y abriendo espacio para nuevas percepciones. Al unir la respiración consciente al Ho'oponopono, se crea un terreno fértil para acoger y transformar emociones con delicadeza, haciendo el camino de la cura más leve y profundo.

Este compromiso diario con la respiración consciente y las palabras de limpieza fortalece la resiliencia ante las adversidades. Poco a poco, respuestas automáticas y reacciones impulsivas dan lugar a elecciones más ponderadas y conscientes. La mente encuentra paz, el cuerpo se relaja y el corazón se abre a nuevas posibilidades. No hay exigencia de perfección en este proceso, solo una disposición amable de retornar al momento presente siempre que sea necesario.

Con el tiempo, respirar conscientemente se convierte en un hábito natural, un ancla silenciosa que sustenta el equilibrio emocional y el bienestar físico. Cada momento vivido con presencia se transforma en una oportunidad de reconciliación interna y de renovación. Así, el camino de la curación se revela no como un destino distante, sino como un proceso continuo de aceptación, amor y gratitud, donde la simplicidad del acto de respirar nos conduce suavemente a una vida más plena, ligera y verdaderamente conectada con la esencia.

Capítulo 7
Profundizando la Conexión

La meditación es una poderosa puerta de acceso al silencio interior, permitiendo que la mente se aquiete y que la conexión con la esencia verdadera se fortalezca. En el Ho'oponopono, esta práctica se convierte en un camino profundo de curación y liberación, donde pensamientos y emociones fluyen libremente, sin resistencia. Al dedicar momentos diarios a la meditación, se crea un espacio interno de tranquilidad y claridad, esencial para disolver memorias limitantes y abrir espacio para nuevas percepciones. Este estado de quietud no solo promueve el equilibrio emocional, sino que también facilita el contacto con la sabiduría interior, conduciendo a una comprensión más profunda de sí mismo y del mundo alrededor. La integración de la meditación con el Ho'oponopono amplía significativamente el poder de transformación personal. En este proceso, la mente se torna receptiva a la repetición de las cuatro frases fundamentales, potenciando la limpieza de patrones inconscientes y creando un flujo continuo de curación. El silencio cultivado en la meditación permite que emociones reprimidas vengan a la superficie de forma leve y natural, promoviendo la aceptación y el perdón. Así, el practicante experimenta una liberación gradual de pensamientos negativos, abriendo espacio para sentimientos de amor, gratitud y compasión. Esta armonía interna se refleja en la forma como cada experiencia es vivida, trayendo ligereza y equilibrio para los desafíos cotidianos. Meditar con regularidad proporciona un estado de presencia constante, donde la mente deja de ser dominada por preocupaciones pasadas o ansiedades futuras. Esta alineación con el momento presente fortalece la percepción de la propia existencia e intensifica la conexión con la energía divina. Al profundizar la práctica meditativa aliada al Ho'oponopono, es posible acceder a capas más sutiles del subconsciente, promoviendo una limpieza más eficaz de creencias limitantes. Esta jornada de autoconocimiento conduce a una transformación genuina, permitiendo vivir con más autenticidad, serenidad y plenitud. La mente humana puede ser comparada a un vasto océano, donde olas de pensamientos, emociones y sensaciones se alternan incesantemente. En la superficie, las aguas están siempre agitadas, impulsadas por las preocupaciones, los miedos y los deseos. Sin embargo, al sumergirnos más profundo, encontramos un espacio de serenidad y silencio, donde la turbulencia no alcanza. La meditación es esta inmersión consciente en las profundidades del ser, una invitación a aquietar la mente y acceder a la calma que reside más allá de la agitación cotidiana. Al iniciar la práctica meditativa, somos gentilmente conducidos a observar nuestros pensamientos y emociones sin la necesidad de reaccionar o juzgar. Es como si estuviéramos sentados a la orilla de este océano mental, apenas testimoniando el flujo de las olas sin dejarnos arrastrar por ellas. Este simple acto de observación nos permite crear espacio interno, disolviendo gradualmente el torbellino mental y abriendo camino para la paz interior. En este estado de presencia, la mente comienza a calmarse, y la conexión con la sabiduría interna se fortalece. Los beneficios de esta jornada silenciosa son profundos y abarcantes. La meditación reduce la producción de cortisol, la hormona del estrés, promoviendo una relajación natural y profunda. Con la práctica constante, la ansiedad cede lugar a una tranquilidad estable, y la mente se torna menos reactiva ante las adversidades. La capacidad de concentración y foco se amplía, permitiendo que las tareas diarias sean realizadas con más claridad y eficiencia. Este foco renovado no solo mejora el desempeño, sino que también favorece decisiones más conscientes y equilibradas. En términos emocionales, la meditación actúa como un bálsamo. Suaviza las reacciones impulsivas y enseña a lidiar con emociones intensas de manera más serena. La ira, el miedo y la tristeza dejan de ser fuerzas dominantes y pasan a ser comprendidas como experiencias pasajeras, que pueden ser acogidas y procesadas sin resistencia. Este equilibrio emocional se traduce en relaciones más armoniosas y en una postura más compasiva ante la vida. Más profundamente, la práctica meditativa eleva la autoconciencia. Al observar pensamientos y emociones sin interferencia, desarrollamos una comprensión más clara de nuestros propios patrones internos.

Comenzamos a identificar creencias limitantes, comportamientos automáticos y condicionamientos que, muchas veces, nos impiden de avanzar. Este reconocimiento es el primer paso para la transformación, pues al iluminar estas áreas ocultas, abrimos espacio para elecciones más auténticas y alineadas con nuestra verdadera esencia. La meditación también expande la conexión espiritual. Al silenciar la mente, nos acercamos a una dimensión más sutil de la existencia, donde podemos percibir la presencia de lo divino en nosotros y a nuestro alrededor. Esta experiencia no exige dogmas o creencias específicas; es una sensación natural de pertenencia al flujo universal de la vida. Esta conexión nos ofrece confort, inspiración y una sensación de unidad con el todo, alimentando una confianza serena en la jornada que transitamos. Cuando unimos la meditación a la práctica del Ho'oponopono, esta experiencia se intensifica. El silencio cultivado en la meditación crea el ambiente ideal para la repetición consciente de las cuatro frases sagradas: "Lo siento. Perdóname. Te amo. Estoy agradecido(a)." En este estado de quietud, las palabras no son solo dichas, sino sentidas profundamente, penetrando capas más sutiles del subconsciente. Las memorias dolorosas y creencias limitantes emergen suavemente a la consciencia, permitiendo que sean acogidas y disueltas con amor y compasión. Este proceso continuo de limpieza promueve una transformación genuina, liberando al ser de pesos invisibles y abriendo espacio para nuevas posibilidades. Diversas técnicas pueden facilitar esta integración. La meditación con las cuatro frases es una de ellas. Al sentarse en un lugar tranquilo, con la columna erguida y los ojos cerrados, basta respirar profundamente y repetir cada frase con intención. Sentir el significado detrás de cada palabra crea una vibración de curación que se expande por el cuerpo y la mente. Otra aproximación es la meditación con visualización, donde podemos imaginar un lugar sereno y acogedor, envueltos por una luz suave que limpia suavemente las memorias negativas. Repetir las frases del Ho'oponopono en este ambiente interno potencia el proceso de purificación y renueva la energía vital. La meditación guiada también es una herramienta poderosa, especialmente para quien está comenzando. Guías con voz tranquila y compasiva, acompañados de sonidos suaves de la naturaleza o músicas relajantes, conducen al practicante por caminos internos de curación y reconciliación. Estas prácticas orientadas ofrecen seguridad y apoyo, tornando la inmersión interior más accesible y acogedora. Para quien busca simplicidad, la meditación con foco en la respiración es una excelente elección. Observar el flujo del aire entrando y saliendo del cuerpo, sentir la expansión del abdomen a cada inspiración y la relajación a cada expiración, es una forma poderosa de calmar la mente y cultivar la presencia. Al integrar esta respiración consciente con las frases del Ho'oponopono, cada inspiración trae amor y cada expiración libera dolor, en un ciclo continuo de renovación. Para que la práctica meditativa sea realmente eficaz, algunas actitudes pueden ser adoptadas. Escoger un ambiente tranquilo, donde las distracciones sean mínimas, es esencial. Adoptar una postura confortable, manteniendo la columna erguida, facilita el flujo de energía. Iniciar con pocos minutos y aumentar el tiempo gradualmente evita frustraciones. Es importante ser paciente y compasivo consigo mismo, aceptando que la mente puede divagar y que retornar al foco es parte del proceso. Y, sobre todo, la regularidad es fundamental. Meditar diariamente, aunque sea por pocos minutos, crea raíces profundas y sólidas en el camino de la transformación. Al permitirse sumergirse con profundidad en la práctica de la meditación integrada al Ho'oponopono, se accede a una dimensión de paz y claridad que transciende el entendimiento racional. Cada respiración consciente y cada repetición de las frases sagradas disuelve viejas heridas, abre espacio para nuevas comprensiones y fortalece la conexión con la esencia. Este proceso no sucede de forma abrupta, sino por medio de cambios sutiles que, poco a poco, rediseñan la realidad interna y externa. Con el tiempo, el silencio cultivado se convierte en un aliado constante. La vida, antes vista como un campo de batallas, pasa a ser comprendida como un flujo de experiencias que enseñan y transforman. Los desafíos pierden el peso de obstáculos insuperables y pasan a ser vistos como oportunidades de crecimiento. La compasión florece, tanto por sí mismo como por los otros, creando un ambiente interno de aceptación y ligereza que se refleja en todas las áreas de la vida. En este camino de autodescubrimiento, cada momento de meditación se convierte en un reencuentro con la propia esencia. La integración profunda entre el Ho'oponopono y la meditación revela que la paz interior no es un destino final, sino un estado continuo de ser. Permitirse vivenciar esta jornada con entrega y constancia conduce a una vida más plena, donde el amor, el perdón y la gratitud se convierten en guías silenciosos. Y así, con el corazón sereno y la mente en equilibrio, el océano mental se calma, permitiendo que la vida fluya con ligereza, claridad y autenticidad. Al permitirse sumergirse profundamente en la práctica de la meditación integrada al Ho'oponopono, se torna posible acceder a una dimensión de paz y claridad que transciende el entendimiento racional. Este estado de entrega silenciosa crea un espacio fértil para que la sabiduría interior se manifieste, guiando al practicante por caminos de curación y reconciliación. A cada respiración consciente y a cada repetición de las frases sagradas, antiguas heridas comienzan a disolverse, abriendo espacio para una percepción más amplia y amorosa de la propia existencia. Este proceso continuo de limpieza y renovación transforma no solo pensamientos, sino también actitudes y elecciones diarias. Con el tiempo, la práctica constante revela que la verdadera transformación no ocurre de forma abrupta, sino por medio de sutiles cambios internos que, poco a poco, moldean una nueva realidad. El silencio cultivado se convierte en un aliado poderoso, permitiendo que el flujo natural de la vida conduzca al equilibrio y a la armonía. Así, desafíos antes vistos como obstáculos pasan a ser comprendidos como oportunidades de crecimiento y aprendizaje. La compasión por sí mismo y por los otros florece, creando un ambiente interno de aceptación y ligereza que se refleja en todas las áreas de la vida. En este camino de autodescubrimiento, cada momento de meditación se transforma en un reencuentro con la propia esencia. La integración profunda entre el Ho'oponopono y la meditación revela que la paz interior no es un destino, sino un estado continuo de ser. Permitirse vivenciar esta jornada con entrega y constancia conduce a una vida más plena, donde el amor, el perdón y la gratitud se convierten en guías silenciosos. Y así, con el corazón sereno y la mente en equilibrio, el océano mental se calma, permitiendo que la vida fluya con ligereza y autenticidad.

Capítulo 8
Armonía en los lazos

Las relaciones son fundamentales para nuestro crecimiento personal y espiritual, ya que reflejan directamente la forma en que nos relacionamos con nosotros mismos. Cada interacción, ya sea con familiares, amigos, parejas o compañeros de trabajo, ofrece una valiosa oportunidad de autoconocimiento y evolución. La armonía en los lazos interpersonales surge cuando reconocemos que nuestras experiencias están moldeadas por memorias y creencias internas, a menudo inconscientes, que influyen en nuestras reacciones y comportamientos. Asumir la total responsabilidad de estas experiencias permite transformar los conflictos en aprendizaje, creando espacio para conexiones más genuinas y equilibradas. Este proceso nos conduce a un viaje de profunda sanación, en el que estamos invitados a liberar juicios y expectativas, promoviendo relaciones más auténticas y enriquecedoras.

La comprensión de que los desafíos en las relaciones son reflejos de aspectos internos no resueltos abre las puertas a una verdadera transformación. Cada desacuerdo o incomodidad con el otro señala la necesidad de mirar hacia adentro e identificar patrones emocionales que perpetúan la desarmonía. Esta mirada consciente favorece el perdón, tanto de uno mismo como del otro, y estimula la práctica de la compasión y la empatía. Al disolver resentimientos y liberar apegos, se hace posible establecer vínculos más saludables, donde prevalecen la aceptación y el respeto mutuo. Este cambio interno reverbera positivamente en todas las interacciones, convirtiendo las relaciones en espacios seguros para el crecimiento y la conexión.

Adoptar una postura de gratitud ante las experiencias vividas con las personas que nos rodean fortalece los lazos y promueve una convivencia más ligera y amorosa. Reconocer el valor de cada relación, independientemente de los desafíos, permite ver a cada persona como un maestro que contribuye a nuestra evolución. Este reconocimiento nos motiva a cultivar el amor incondicional, respetando las diferencias y celebrando las afinidades. Al transformar nuestra perspectiva sobre las relaciones, creamos un ambiente propicio para la armonía, donde la comprensión, el diálogo abierto y el respeto mutuo son las bases para relaciones duraderas y significativas.

Cada persona que se cruza en nuestro camino lleva consigo un reflejo sutil de quiénes somos. Nuestras relaciones funcionan como espejos, revelando aspectos internos a menudo ocultos, ya sean virtudes o sombras que necesitamos acoger y transformar. Ya sea en el ámbito familiar, en las amistades, en los vínculos amorosos o en las relaciones profesionales, cada interacción representa una valiosa oportunidad de aprendizaje y crecimiento. Cuando surgen conflictos o incomodidades, es común que proyectemos la causa de estos desafíos en el otro. Sin embargo, el Ho'oponopono nos invita a mirar hacia adentro y reconocer que las raíces de estos conflictos se encuentran a menudo en memorias y creencias inconscientes que cargamos.

Esta práctica ancestral nos orienta a asumir la total responsabilidad de nuestras experiencias. En lugar de buscar culpables o justificar resentimientos, estamos invitados a reflexionar sobre qué patrones internos están alimentando la desarmonía. La repetición consciente de las frases "Lo siento. Perdóname. Te amo. Estoy agradecido(a)" no es un simple ritual, sino un profundo proceso de sanación. Cada palabra trae consigo la fuerza para limpiar las memorias que generan expectativas, apegos y juicios. Este movimiento interno libera el peso del pasado y abre espacio para relaciones más ligeras y auténticas.

Sanar los lazos interpersonales a través del Ho'oponopono no significa ignorar los límites o aceptar comportamientos perjudiciales, sino comprender que las dificultades en las relaciones son oportunidades de autoconocimiento. Cuando asumimos la responsabilidad de nuestras emociones y reacciones, nos volvemos capaces de transformar el dolor en compasión y de sustituir el resentimiento por la aceptación. Este proceso no exige que el otro cambie; el cambio comienza dentro de nosotros y, por consiguiente, reverbera positivamente en nuestras conexiones.

Prácticas simples pueden fortalecer este enfoque de sanación. La comunicación consciente es una de ellas. Al practicar la escucha activa, buscamos comprender al otro sin juzgar, prestando genuina atención a sus palabras y sentimientos. Expresar nuestras necesidades con claridad y respeto, sin recurrir a acusaciones, también contribuye a un diálogo más armonioso. La comunicación no violenta nos enseña que es posible afirmar nuestros límites y deseos sin faltar al respeto al espacio del otro, creando un ambiente de comprensión mutua.

La empatía y la compasión son igualmente esenciales. Ponerse en el lugar del otro, intentando comprender sus dolores y motivaciones, suaviza los conflictos y acerca los corazones. Reconocer que todos enfrentamos batallas internas nos ayuda a mirar al otro con más amabilidad. Perdonar, tanto a nosotros mismos como a los demás, es otro paso fundamental. El perdón no implica olvidar o justificar errores, sino liberarse del peso emocional que impide la evolución. Cuando elegimos perdonar, abrimos espacio para la sanación y para la renovación de los vínculos.

Otro aspecto importante es la limpieza de las expectativas. Muchas veces, esperamos que el otro se comporte de determinada manera o satisfaga nuestras necesidades emocionales. Sin embargo, cada individuo tiene su propio camino, y la libertad de ser quien es debe ser respetada. Liberar estas expectativas nos permite vivir relaciones más ligeras y auténticas, donde el amor no está condicionado a comportamientos o resultados.

Cultivar la gratitud también transforma la forma en que nos relacionamos. Agradecer por las personas que forman parte de nuestra vida, reconociendo sus cualidades y contribuciones, fortalece los lazos y abre el corazón. Incluso los desafíos pueden verse como regalos disfrazados, ya que nos enseñan y nos hacen crecer. Esta mirada agradecida hace que las relaciones sean más armoniosas y nos anima a valorar la presencia del otro.

Visualizar relaciones armoniosas es otra práctica poderosa. Al imaginar mentalmente interacciones positivas con las personas que nos rodean, estamos construyendo energéticamente puentes de comprensión y afecto. Visualizar diálogos respetuosos, momentos de alegría y gestos de cariño contribuye a la creación de un ambiente emocional más saludable.

El Ho'oponopono se adapta a todo tipo de relaciones. En los vínculos amorosos, la práctica ayuda a sanar heridas emocionales, a fortalecer la intimidad y a cultivar el amor incondicional. Al asumir la responsabilidad de las propias emociones y expectativas, se hace posible construir una relación más sólida y respetuosa. La comunicación clara y el respeto mutuo se convierten en pilares esenciales para el crecimiento de la pareja.

En las relaciones familiares, el Ho'oponopono actúa en la reconciliación y en la sanación de patrones repetitivos que atraviesan generaciones. Muchas veces, cargamos con memorias ancestrales que influyen en nuestros comportamientos y emociones. Practicar el perdón y la gratitud con los miembros de la familia, honrando a los ancestros y respetando las diferencias, promueve la unión y fortalece los lazos.

Entre amigos, la práctica estimula el respeto, la confianza y la reciprocidad. Reconocer las cualidades de los amigos, perdonar pequeñas fallas y ser un apoyo constante hace que las amistades sean más profundas y significativas. La ligereza y la alegría fluyen naturalmente cuando hay comprensión y aceptación mutua.

En el ámbito profesional, el Ho'oponopono contribuye a un clima de respeto y cooperación. La práctica ayuda a disolver conflictos y a promover la claridad en la comunicación. Asumir la responsabilidad de las propias actitudes y mantener una postura ética y colaborativa favorece un ambiente de trabajo más productivo y armonioso. El respeto a las diferencias y la empatía con los compañeros de trabajo crean una base sólida para relaciones profesionales saludables.

Construir puentes en las relaciones exige valentía y disposición para mirar hacia adentro. Es un proceso continuo de autoconocimiento, perdón y gratitud. Al aplicar el Ho'oponopono en nuestras relaciones, transformamos no solo la forma en que nos conectamos con los demás, sino también la manera en que nos relacionamos con nosotros mismos. Cada interacción se convierte en una oportunidad de evolución, y cada desafío, en una invitación a crecer con más amor y consciencia.

En este camino de transformación, percibimos que la armonía no significa ausencia de conflictos, sino la capacidad de enfrentarlos con madurez y compasión. La verdadera armonía surge cuando aprendemos a respetar las diferencias, a perdonar las imperfecciones y a valorar las cualidades. Este equilibrio interno se refleja en las relaciones externas, creando lazos más auténticos y duraderos.

Así, al comprometernos con la práctica del Ho'oponopono, abrimos espacio para relaciones más ligeras y verdaderas. Cada "Lo siento" es un paso de humildad, cada "Perdóname" es un gesto de reconciliación, cada "Te amo" es un abrazo silencioso, y cada "Estoy agradecido(a)" es una celebración de la vida. Estos simples, pero poderosos actos de sanación nos conducen a una convivencia más armoniosa, donde el amor y el respeto son los cimientos que sustentan nuestros lazos.

Construir puentes en las relaciones significa cultivar conexiones basadas en la comprensión mutua, en el respeto y en la aceptación de las diferencias. Esta construcción exige disposición para escuchar verdaderamente, comunicarse con autenticidad y mantener el corazón abierto, incluso ante los desafíos. El Ho'oponopono nos ayuda en este proceso al incentivar la responsabilidad personal por nuestras emociones y reacciones, permitiendo disolver barreras emocionales y abrir caminos para el diálogo sincero. Cuando reconocemos que cada interacción lleva un propósito de aprendizaje, pasamos a valorar los vínculos como oportunidades de crecimiento y evolución conjunta.

Al aplicar conscientemente el Ho'oponopono en las relaciones, percibimos que no estamos aislados en nuestras experiencias; somos parte de una red de conexiones donde cada gesto, palabra y pensamiento tienen impacto. Esta percepción nos inspira a actuar con más amabilidad y empatía, comprendiendo que la armonía en los lazos depende del equilibrio interno que cultivamos. Así, pequeñas actitudes de amor, perdón y gratitud transforman la calidad de las relaciones, haciéndolas más ligeras y acogedoras. Con esto, pasamos a contribuir a ambientes más pacíficos y colaborativos, tanto en el ámbito personal como profesional.

Esta jornada de sanación y reconciliación en las relaciones no es lineal, pero es profundamente enriquecedora. La práctica continua del Ho'oponopono nos invita a mirar cada vínculo con compasión y humildad, reconociendo que todos estamos en constante evolución. Al comprometernos con este proceso, construimos puentes sólidos que sustentan relaciones verdaderas y significativas. Así, aprendemos que la armonía en los lazos comienza dentro de nosotros y se expande naturalmente al mundo que nos rodea, nutriendo conexiones que reflejan amor, respeto y autenticidad.

Capítulo 9
Sanando las Raíces

La familia representa la base de nuestra existencia, siendo el primer entorno donde desarrollamos nuestras percepciones sobre el amor, la pertenencia y la convivencia. Es en este núcleo donde absorbemos comportamientos, creencias y patrones emocionales que moldean nuestra jornada personal e impactan directamente en la forma en que nos relacionamos con el mundo. Cada experiencia vivida en familia contribuye a la construcción de nuestra identidad e influye profundamente en nuestras elecciones y actitudes. Entender que estos lazos familiares cargan no solo afectos, sino también memorias y traumas, nos permite iniciar un proceso de sanación genuino, donde la transformación individual reverbera en todo el sistema familiar, promoviendo armonía y equilibrio.

Al reconocer la profundidad de las conexiones familiares, se hace posible comprender que muchos de los desafíos que enfrentamos tienen raíces en historias y vivencias pasadas, transmitidas de generación en generación. Heredamos no solo características físicas, sino también patrones emocionales y creencias limitantes que influyen en nuestras decisiones y relaciones. La sanación de estos patrones exige una mirada compasiva hacia el pasado, aceptando que todos los miembros de la familia actuaron conforme a sus propias limitaciones y circunstancias. Este entendimiento abre camino para la liberación de ciclos repetitivos y para la construcción de relaciones más saludables, basadas en el respeto mutuo, la aceptación y el amor incondicional.

Cuando nos proponemos transformar nuestra relación con la familia, damos un paso significativo hacia el autoconocimiento y la evolución personal. La práctica de perdonar, comprender y acoger las diferencias nos permite disolver rencores y resentimientos que muchas veces distancian los lazos familiares. Esta postura consciente crea un ambiente propicio para el diálogo abierto, para el fortalecimiento de las conexiones emocionales y para la construcción de una base sólida de apoyo mutuo. Así, al cuidar de estas raíces con amor y dedicación, cultivamos un ambiente familiar donde la comprensión, la empatía y la unión florecen, promoviendo un legado de armonía para las futuras generaciones.

La familia es como un árbol con raíces profundas, cuyas ramas se extienden por generaciones, sosteniendo y nutriendo cada nuevo brote que florece. Desde el nacimiento, estamos inmersos en este ambiente donde aprendemos sobre el amor, la pertenencia y la convivencia. Las primeras impresiones sobre el mundo, los vínculos emocionales y los patrones de comportamiento son moldeados en este espacio familiar, influenciando profundamente la forma en que nos percibimos a nosotros mismos y nos relacionamos con el otro. Sin embargo, así como un árbol carga en sus raíces tanto la fuerza como las marcas del tiempo, nuestras relaciones familiares también guardan historias, creencias y heridas emocionales que atraviesan generaciones. Comprender esta herencia es el primer paso para sanar las raíces y transformar el presente.

El Ho'oponopono nos invita a mirar nuestra historia familiar con ojos compasivos, reconociendo que todos los miembros de nuestra línea genealógica cargaron, en algún momento, sus propios dolores y limitaciones. Muchas veces, heredamos no solo características físicas, sino también patrones emocionales y creencias limitantes que influyen en nuestras elecciones y moldean nuestros comportamientos. Conflictos recurrentes, dificultades de comunicación y resentimientos acumulados pueden ser reflejos de memorias antiguas, transmitidas inconscientemente. Al traer a la consciencia estos patrones, abrimos la posibilidad de interrumpir ciclos repetitivos e iniciar un proceso de sanación que beneficia no solo a nosotros mismos, sino a toda nuestra árvore genealógica.

Practicar el Ho'oponopono en este contexto familiar es un gesto profundo de amor y responsabilidad. Al repetir las cuatro frases sagradas — "Lo siento. Perdóname. Te amo. Estoy agradecido(a)" — dirigidas a los miembros de la familia o a las memorias que generan desarmonía, iniciamos un proceso de limpieza energética y emocional. Cada frase carga una intención poderosa: reconocer nuestras propias limitaciones ("Lo siento"), pedir perdón por pensamientos y comportamientos que contribuyeron a conflictos ("Perdóname"), irradiar amor incondicional ("Te amo") y expresar gratitud por la oportunidad de aprender y crecer ("Estoy agradecido(a)"). Este movimiento interno, silencioso y continuo, comienza a disolver las barreras invisibles que impiden la reconciliación y el entendimiento.

Uno de los primeros pasos para sanar estos lazos es desarrollar una comunicación consciente. Esto significa escuchar activamente, sin interrumpir o juzgar, buscando comprender el punto de vista del otro con empatía. Expresar sentimientos de forma clara y respetuosa, sin acusaciones o reproches, crea un ambiente propicio para el diálogo abierto. La escucha genuina permite que el otro se sienta valorado y comprendido, mientras que el habla cuidadosa evita malentendidos y resentimientos.

Perdonar es otro pilar fundamental en este camino de sanación. Muchas veces, acumulamos rencores que, con el tiempo, se transforman en barreras emocionales, dificultando el flujo natural del amor y la convivencia. El perdón no significa justificar comportamientos perjudiciales o olvidar lo que sucedió, sino liberarse del peso del pasado. Es comprender que todos actuamos, en diferentes momentos, de acuerdo con nuestros propios dolores y limitaciones. Al elegir perdonar, nos damos a nosotros mismos la oportunidad de seguir adelante con más ligereza y apertura para reconstruir los lazos familiares.

La comprensión y la aceptación de las diferencias también son esenciales para cultivar relaciones más armoniosas. Cada miembro de la familia es único, con su propia historia, valores y formas de expresar sentimientos. Respetar esta individualidad, sin intentar cambiar o controlar al otro, fortalece la base de la relación. Cuando aceptamos que cada uno está en su propio ritmo de evolución, conseguimos lidiar con las diferencias de manera más compasiva y amorosa.

Para profundizar aún más este proceso de sanación, la práctica de la visualización puede ser una herramienta poderosa. Imaginar mentalmente a la familia reunida en armonía, compartiendo momentos de alegría y conexión, ayuda a crear una atmósfera de paz y bienestar. Esta visualización, acompañada de las frases del Ho'oponopono, potencializa la limpieza de las memorias y contribuye a la construcción de un ambiente familiar más amoroso.

Honrar a nuestros ancestros también forma parte de esta jornada de sanación. Muchas veces, cargamos patrones y comportamientos que tienen raíces en generaciones anteriores. Al reconocer la influencia de nuestros antepasados en nuestra historia, podemos expresar gratitud por todo lo que recibimos, pero también elegir liberar patrones que ya no nos sirven. El Ho'oponopono nos ofrece la oportunidad de enviar amor y gratitud a las generaciones pasadas, promoviendo la sanación de las heridas que fueron transmitidas. Este gesto no solo honra el legado que nos fue dejado, sino que también abre camino para que nuevas generaciones puedan crecer libres de estos condicionamientos.

La práctica constante del Ho'oponopono dentro del ambiente familiar contribuye a fortalecer los lazos afectivos, promoviendo la unión y la comprensión. A medida que limpiamos memorias dolorosas y liberamos resentimientos, creamos espacio para que el amor incondicional florezca. Este proceso de sanación no exige prisa ni perfección, sino constancia e intención sincera. Cada pequeño cambio interno reverbera en las relaciones, transformando la dinámica familiar de forma gradual y significativa.

Al cuidar de estas raíces con dedicación, cultivamos un ambiente donde la empatía, el respeto y el amor son nutridos diariamente. Pequeños gestos, como escuchar con atención, pedir disculpas sinceras o demostrar gratitud, son semillas que, con el tiempo, florecen en conexiones más auténticas y profundas. Así, transformamos a la familia en un espacio seguro de apoyo mutuo y crecimiento personal.

Esta jornada de sanación familiar no se limita al presente; se extiende hacia el futuro. Cada paso dado en dirección al entendimiento y al perdón contribuye a construir un legado de amor y armonía que será sentido por aquellos que vengan después de nosotros. Las próximas generaciones recogerán los frutos de esta dedicación, creciendo en un ambiente más ligero y saludable, donde el amor y el respeto son valores fundamentales.

Al comprometernos con esta transformación, nos convertimos en guardianes de una herencia emocional más ligera y amorosa. El Ho'oponopono nos recuerda que cada elección consciente y cada palabra de amor tienen el poder de atravesar el tiempo, sanando el pasado e iluminando el futuro. De esta forma, honramos nuestras raíces y permitimos que nuestro árbol familiar florezca con más fuerza y belleza.

Sanar las raíces no es borrar lo que se ha vivido, sino comprender y transformar. Es reconocer que nuestras historias, por más desafiantes que sean, forman parte de quienes somos. Y, al elegir la compasión y el perdón, nos ofrecemos a nosotros mismos y a aquellos que amamos la oportunidad de reescribir esta historia con más amor, equilibrio y armonía. Así, perpetuamos un ciclo de cuidado y crecimiento que resonará por muchas generaciones, firmando un legado de paz y unión.

Al dedicarnos a este proceso de sanación y reconciliación, plantamos semillas de amor que florecerán en las próximas generaciones. Cada gesto de comprensión, cada palabra de perdón y cada acto de gratitud transforma no solo nuestra experiencia familiar, sino también el camino de aquellos que vendrán después de nosotros. Así, el ciclo de dolor y conflicto da lugar a un legado de amor, respeto y conexión genuina, donde cada miembro de la familia puede crecer libremente, apoyado por raíces fortalecidas por la empatía y el cuidado mutuo.

Este movimiento de sanación no exige perfección, sino presencia e intención verdadera. Reconocer nuestras limitaciones y las de los otros nos permite seguir con ligereza, conscientes de que cada paso dado en dirección al entendimiento ya representa una gran transformación. Con el tiempo, los lazos familiares se renuevan, permitiendo que nuevas historias sean escritas, marcadas por la confianza, la aceptación y el apoyo incondicional. De esta forma, la familia se convierte no solo en un reflejo del pasado, sino en un espacio seguro donde el amor puede manifestarse de manera plena y auténtica.

Al abrazar este camino de sanación, nos convertimos en guardianes de una herencia emocional más ligera y amorosa. El Ho'oponopono nos guía en esta jornada, recordándonos que cada elección consciente y cada palabra de amor reverberan más allá de nosotros, alcanzando a aquellos que vinieron antes y a los que aún vendrán. Así, honramos nuestras raíces y florecemos como individuos y como familia, perpetuando un ciclo de armonía y crecimiento que resonará por generaciones.

Capítulo 10
Liberándose de las Cadenas

El pasado ejerce una profunda influencia en nuestra vida, dejando marcas que pueden tanto fortalecer como limitar nuestro crecimiento. Experiencias dolorosas, traumas y arrepentimientos se acumulan como cadenas invisibles que restringen nuestra capacidad de vivir con plenitud. Sin embargo, es posible romper esas ataduras y rescatar la libertad interior a través de prácticas que promueven la reconciliación y la cura emocional. El Ho'oponopono surge como un camino poderoso para este proceso, permitiendo transformar memorias difíciles en aprendizajes y liberar el corazón de pesos innecesarios. Este enfoque nos invita a reconocer y acoger cada experiencia como parte esencial de nuestra jornada, posibilitando una vida más ligera y armoniosa.

Al integrar el Ho'oponopono en la vida cotidiana, se desarrolla la capacidad de asumir la responsabilidad por todo aquello que nos afecta, comprendiendo que, incluso de forma inconsciente, participamos de la creación de las circunstancias que vivimos. Este entendimiento no implica culpa, sino que ofrece la llave para transformar la relación con el pasado. El perdón se convierte en una herramienta indispensable, liberando resentimientos y permitiendo que emociones como la raiva, el miedo y la tristeza sean disueltas. A través de la aceptación sincera, es posible percibir que cada vivencia, por más desafiante que haya sido, contribuyó al crecimiento personal. Esta consciencia abre espacio para la gratitud, que suaviza el peso de los recuerdos e ilumina el camino hacia nuevas posibilidades.

La práctica constante de las cuatro frases del Ho'oponopono — "Lo siento. Perdóname. Te amo. Soy grato." — actúa como un instrumento de limpieza profunda, facilitando la transmutación de memorias limitantes en energía positiva. Esta repetición consciente envuelve las experiencias pasadas con amor y comprensión, deshaciendo los bloqueos emocionales que impiden el flujo natural de la vida. Así, al soltar las amarras del pasado, se abre un espacio de paz y claridad que impulsa la creación de un futuro alineado con nuestros verdaderos deseos. A partir de este estado de equilibrio, es posible construir una nueva realidad, guiada por la ligereza, la confianza y la armonía.

El pasado, con sus memorias y experiencias, muchas veces se convierte en una carga invisible que cargamos a lo largo de la vida. Traumas no resueltos, arrepentimientos y rencores crean cadenas silenciosas que nos atan a patrones emocionales limitantes, dificultando nuestra capacidad de avanzar y vivir con plenitud. Estos pesos emocionales se manifiestan como bloqueos, influenciando nuestros pensamientos, comportamientos y decisiones, impidiéndonos acceder a nuestro verdadero potencial. Sin embargo, es posible romper esas ataduras y rescatar la libertad interior a través de prácticas de cura emocional, como el Ho'oponopono, que nos guía en el proceso de reconciliación con el pasado y en la transformación de nuestras memorias más dolorosas en aprendizaje y crecimiento.

El Ho'oponopono nos invita a ver el pasado con compasión, aceptando que todas las experiencias — buenas o malas — desempeñaron un papel importante en la construcción de quienes somos hoy. No se trata de negar u olvidar lo que sucedió, sino de acoger estas vivencias con amor y comprensión. La práctica comienza con la responsabilidad personal, reconociendo que, de alguna forma, participamos de la creación de las circunstancias que enfrentamos, aunque sea de forma inconsciente. Este entendimiento no trae culpa, sino que ofrece el poder de cambiar la forma como reaccionamos y nos relacionamos con el pasado.

Asumir la responsabilidad es reconocer que tenemos el poder de elegir cómo lidiamos con nuestras experiencias. Esto significa aceptar que las emociones de rabia, culpa, miedo y resentimiento que cargamos son reflejos internos que pueden ser transformados. Cuando nos abrimos a esta comprensión, el perdón se convierte en un camino natural. Perdonar no es justificar lo que sucedió o borrar el pasado, sino liberarse del peso que esos sentimientos negativos imponen. Es un acto de amor propio, que nos permite seguir adelante con ligereza y sabiduría.

La repetición consciente de las cuatro frases del Ho'oponopono — "Lo siento. Perdóname. Te amo. Soy grato(a)" — es una herramienta poderosa en este proceso. Cada frase carga una intención específica que, combinada, actúa en la limpieza profunda de memorias dolorosas. Cuando decimos "Lo siento", reconocemos el dolor que causamos a nosotros mismos o a los otros. Al pedir "Perdóname", asumimos la responsabilidad por esos dolores y buscamos la reconciliación. La declaración "Te amo" irradia amor incondicional para nosotros y para todos los involucrados, disolviendo bloqueos emocionales. Y "Soy grato(a)" cierra el ciclo con gratitud por las lecciones aprendidas, permitiendo que la energía fluya libremente.

Este proceso de cura puede ser potencializado a través de la visualización. Revisitar mentalmente situaciones difíciles del pasado y envolver a las personas y los eventos con luz y amor contribuye a la disolución de las heridas emocionales. Al imaginarse enviando perdón y compasión a sí mismo y a los otros, comenzamos a llenar los espacios antes ocupados por rencores con serenidad y comprensión. Esta práctica constante transforma la forma como nos relacionamos con nuestros recuerdos, permitiéndonos seguir adelante sin el peso emocional que antes nos limitaba.

Aceptar el pasado como parte de nuestra historia es esencial para la cura. La aceptación no significa resignación, sino el reconocimiento de que todo sucedió de la manera que necesitaba suceder para traernos hasta este momento. Esta comprensión abre espacio para la gratitud, pues incluso las experiencias más desafiantes cargan lecciones valiosas. La gratitud transforma la perspectiva sobre el pasado, suavizando los dolores y trayendo una sensación de paz interior. Cuando somos gratos por las experiencias vividas, abrimos espacio para nuevas oportunidades y caminos antes bloqueados por el peso de los recuerdos.

Al liberarnos de estas cadenas emocionales, comenzamos a percibir la vida con más claridad. Las decisiones se vuelven más conscientes y alineadas con nuestros valores, y las relaciones pasan a ser construidas a partir de un lugar de autenticidad y amor. Lo que antes parecía un obstáculo insuperable se transforma en aprendizaje, y el pasado deja de ser una carga para convertirse en un maestro silencioso, cuyas lecciones nos conducen al crecimiento personal.

Este proceso de cura no ocurre de forma inmediata, sino que se desarrolla gradualmente, a medida que nos permitimos vivenciar cada etapa con paciencia y verdad. Sumergirse profundamente en sí mismo exige coraje, pero también ofrece la oportunidad de reconectarnos con nuestra esencia. Cada vez que elegimos perdonar, agradecer o simplemente acoger un recuerdo con compasión, fortalecemos esa conexión y nos acercamos a una versión más auténtica y ligera de nosotros mismos.

Con el corazón más ligero, somos capaces de ver nuevas posibilidades. Caminos antes obscurecidos por el miedo o la culpa se revelan, y la vida comienza a fluir con más naturalidad. Las decisiones pasan a ser tomadas con más claridad, sin el peso de antiguos patrones. Las relaciones se vuelven más saludables y equilibradas, libres de expectativas irreales y condicionamientos del pasado. Y, en este estado de armonía, surge la verdadera libertad: la capacidad de crear nuevas experiencias y vivir plenamente el presente.

Resignificar el pasado es una invitación a escribir un nuevo capítulo en nuestra historia. Un capítulo donde no somos más prisioneros de los dolores antiguos, sino protagonistas conscientes de nuestras elecciones. La práctica continua del Ho'oponopono nos ayuda a recorrer este camino con ligereza y amor. Cada "Lo siento" nos acerca a la humildad, cada "Perdóname" nos reconcilia con nuestra humanidad, cada "Te amo" expande nuestro corazón, y cada "Soy grato(a)" fortalece nuestra conexión con la vida.

Este nuevo comienzo no borra lo que fue vivido, sino que transforma la manera como cargamos nuestra historia. A partir de esta transformación, nace la libertad verdadera — la libertad de ser quienes realmente somos, sin las cadenas del pasado limitándonos. Con el pasado resignificado y el corazón en paz, podemos finalmente caminar con confianza hacia el futuro, guiados por la ligereza de quien comprendió que cada experiencia fue esencial para el florecimiento de su verdadera esencia.

Así, la jornada de liberación de las cadenas del pasado no es solo un proceso de cura individual, sino una apertura para una vida más plena, consciente y auténtica. Al soltar las amarras emocionales que nos ataban, nos permitimos vivir con más alegría, amor y gratitud, escribiendo una nueva historia marcada por el equilibrio, la armonía y la libertad.

Este proceso de liberación no sucede de forma instantánea, sino que se desarrolla gradualmente, a medida que nos permitimos vivenciar cada etapa con paciencia y autenticidad. La práctica constante del Ho'oponopono nos invita a sumergirnos profundamente en nosotros mismos, reconociendo nuestras fragilidades sin juicios. Esta inmersión interna revela capas ocultas de emociones que, una vez acogidas, se convierten en puentes para la autocura. Así, cada paso dado en dirección al perdón y a la gratitud fortalece la conexión con nuestra esencia, permitiéndonos seguir adelante con más claridad y propósito.

Con el corazón más ligero, somos capaces de percibir nuevas posibilidades y caminos que antes estaban obscurecidos por el peso de los recuerdos. La vida comienza a fluir con más naturalidad, y elecciones que antes parecían difíciles se vuelven más simples y alineadas con nuestros valores. Este estado de equilibrio nos da la libertad de crear nuevas experiencias sin repetir patrones antiguos, abriendo espacio para relaciones más saludables, conquistas genuinas y una convivencia más armoniosa con el mundo que nos rodea.

Al resignificar el pasado y cultivar la paz interior, damos inicio a un nuevo capítulo de nuestra historia. Un capítulo donde somos protagonistas conscientes, guiados por la sabiduría adquirida y por la ligereza de quien se liberó de las amarras emocionales. Con cada nueva elección, reafirmamos nuestro compromiso con una vida más plena y auténtica, donde el pasado es solo un escalón en la escalera de la evolución, y el presente se convierte en el terreno fértil para que florezcan nuevos sueños y posibilidades.

Capítulo 11
Autoestima

La autoestima es la base esencial para una vida equilibrada y realizada, reflejándose directamente en la forma en que nos relacionamos con nosotros mismos y con el mundo que nos rodea. Reconocer el propio valor y confiar en las propias capacidades son pilares fundamentales para establecer límites saludables, enfrentar desafíos y buscar realizaciones personales. Este proceso de fortalecimiento interior exige la superación de creencias limitantes y memorias negativas que, muchas veces, oscurecen la percepción de nuestro valor intrínseco. El Ho'oponopono surge como una práctica eficaz para disolver esos bloqueos internos, promoviendo la autocompasión, el perdón y el amor propio como caminos para desarrollar una autoestima sólida y auténtica.

Construir una autoestima saludable involucra mirar hacia adentro con honestidad y gentileza, aceptando las propias imperfecciones y reconociendo las cualidades que nos hacen únicos. Las experiencias pasadas, por más desafiantes que hayan sido, moldearon nuestro camino, pero no definen quiénes somos. Al asumir la responsabilidad por nuestros pensamientos y emociones, nos convertimos en agentes de nuestra propia transformación. Este movimiento interno permite liberarse de juicios autocríticos y patrones de comparación, favoreciendo una relación más amorosa y respetuosa consigo mismo. Esa aceptación genuina crea un espacio seguro para el crecimiento personal y el florecimiento de nuevas posibilidades.

La práctica constante del Ho'oponopono actúa como una herramienta de cura emocional, capaz de limpiar memorias que alimentan inseguridades y sentimientos de inadecuación. Por medio de las frases "Lo siento. Perdóname. Te amo. Soy grato.", se inicia un proceso profundo de reconciliación interna, que suaviza heridas emocionales y disuelve culpas acumuladas. Este cuidado consigo mismo fortalece la confianza y la conexión con la propia esencia, permitiendo que el amor propio florezca de manera auténtica. Con este alicerce fortalecido, se torna posible avanzar con coraje en la construcción de una vida plena, guiada por la autoconfianza y el reconocimiento del propio valor.

La autoestima es profundamente influenciada por nuestras vivencias, relaciones y por los mensajes que absorbemos del ambiente que nos rodea. Desde la infancia, cada palabra de crítica o rechazo, cada comparación injusta o experiencia negativa puede dejar marcas silenciosas, moldeando la manera en que nos percibimos. Estas vivencias pueden alimentar inseguridades, instalar dudas y perpetuar un sentimiento de inferioridad que nos acompaña por la vida. Muchas veces, esos sentimientos se convierten en raíces invisibles que sustentan creencias limitantes y dificultan el reconocimiento de nuestro verdadero valor. No obstante, es posible reescribir esta historia interna.

El Ho'oponopono, una práctica ancestral hawaiana, surge como una invitación a la reconciliación con nosotros mismos. Nos enseña que la verdadera fuente de la autoestima no está en las opiniones externas o en las conquistas materiales, sino en la profunda conexión con la divinidad que habita dentro de cada uno de nosotros. Al practicar el Ho'oponopono, iniciamos un proceso de limpieza interna, disolviendo memorias y creencias que oscurecen nuestra percepción de valor. Esta purificación emocional abre espacio para la autoaceptación genuina, permitiendo que el amor propio florezca naturalmente y que la confianza en nuestras capacidades se fortalezca.

Este camino de fortalecimiento de la autoestima pasa, primeramente, por la responsabilidad. Reconocer que somos responsables por los pensamientos y sentimientos que cultivamos sobre nosotros mismos es un paso fundamental. No se trata de cargar culpas, sino de comprender que tenemos el poder de elegir cómo nos vemos y cómo lidiamos con nuestras imperfecciones. Este despertar nos conduce a la consciencia de que podemos transformar creencias limitantes y crear una nueva narrativa interna, más compasiva y fortalecedora.

El perdón, en este proceso, asume un papel curativo. Perdonarse a sí mismo por errores del pasado, por fallos e incluso por no haberse protegido de determinadas situaciones es liberador. Esta práctica disuelve el peso de la culpa y silencia la voz interna que critica y juzga. El perdón abre las puertas para la autocompasión, creando un espacio seguro para que el amor propio se instale de forma genuina. Así, es posible acoger nuestras imperfecciones sin resistencia, comprendiendo que ellas forman parte de la experiencia humana.

La autoaceptación es el suelo fértil donde la autoestima se fortalece. Aceptarse plenamente, con cualidades y defectos, es un gesto de coraje y autenticidad. Esta aceptación no significa acomodarse, sino reconocer que somos seres en constante evolución. Al aceptarnos como somos, abrimos camino para cambios verdaderos y duraderos, libres de presiones externas y basados en el respeto por nuestra esencia.

Ese respeto por sí mismo se manifiesta también en el cultivo del amor propio. Tratar-se con cariño, respeto y comprensión es un acto diario que transforma la manera como nos posicionamos en el mundo. El amor propio se refleja en las elecciones que hacemos, en los límites que establecemos y en la forma como nos permitimos vivir con autenticidad. Se convierte en la base sólida sobre la cual construimos una vida plena y significativa.

La gratitud completa este ciclo de fortalecimiento interno. Ser agradecido por las propias cualidades, talentos y conquistas nos coloca en sintonía con la abundancia de la vida. La gratitud no apenas reconoce lo que ya tenemos, sino que también nos hace percibir cuánto somos merecedores de amor, felicidad y éxito. Este sentimiento expande nuestra visión y fortalece la conexión con nuestro potencial ilimitado.

Una de las prácticas más transformadoras del Ho'oponopono es la limpieza de memorias a través de las cuatro frases poderosas: "Lo siento. Perdóname. Te amo. Soy grato." Al repetir estas palabras con sinceridad, creamos un movimiento de cura interna. Ellas actúan directamente en las raíces emocionales que sustentan creencias de inadecuación, disolviendo miedos, inseguridades y bloqueos. Este diálogo amoroso consigo mismo rescata la confianza y trae claridad sobre quiénes realmente somos, libres de las distorciones creadas por experiencias dolorosas.

Las afirmaciones positivas complementan este proceso de reconstrucción de la autoestima. Declarar frases como "Me amo y me acepto completamente", "Soy capaz de realizar mis sueños" y "Soy merecedor de amor y felicidad" reprograma el subconsciente, sustituyendo creencias limitantes por pensamientos fortalecedores. Este hábito diario crea nuevas conexiones mentales que sustentan una visión más amorosa y confiada de sí mismo.

Sin embargo, para que este proceso sea profundo y transformador, es esencial revisitar y curar las heridas del pasado. Muchas veces, traumas emocionales, críticas severas y rechazos vividos a lo largo de la vida permanecen como cicatrices abiertas. El Ho'oponopono nos invita a mirar para esos dolores con compasión y comprensión. Al perdonar a las personas involucradas y a nosotros mismos, disolvemos los lazos que nos mantienen presos a esos recuerdos. Este acto de cura no apaga lo que fue vivido, sino que resignifica el pasado, liberándonos para seguir adelante con ligereza y confianza.

Reconocer y celebrar las propias conquistas es otro pilar esencial en la construcción de la autoestima. Cada paso dado, cada obstáculo superado y cada aprendizaje adquirido merece ser valorado. Esta celebración no precisa ser grandiosa; puede ser un simple reconocimiento interno de que estamos avanzando. Este hábito fortalece la autoconfianza y refuerza la creencia de que somos capaces de alcanzar nuestros objetivos.

Más que eso, la verdadera transformación ocurre cuando nos conectamos profundamente con nuestra esencia. Existe en cada uno de nosotros una parte pura, perfecta e ilimitada, que permanece intacta, independientemente de las circunstancias externas. Cuando silenciamos el ego y nos sintonizamos con esa sabiduría interior, comprendemos nuestro valor intrínseco. Esta conexión nos permite vivir con más ligereza, autenticidad y amor incondicional por nosotros mismos.

Este reencuentro con la propia esencia nos fortalece frente a las adversidades. Pasamos a comprender que críticas y rechazos forman parte del proceso de evolución y que nuestro valor no depende de la aceptación ajena. Esta comprensión trae serenidad y nos permite establecer límites saludables, priorizando lo que realmente nos hace bien. Las elecciones se vuelven más conscientes y alineadas con nuestros valores, alejando la necesidad de agradar o encajar en patrones que no reflejan quiénes somos.

Con una autoestima fortalecida, enfrentamos desafíos con más coraje y confianza. Las oportunidades son abrazadas sin miedo, los merecimientos son reconocidos sin culpa y los caminos de realización personal son trilhados con determinación. El amor propio se transforma en un guía seguro, conduciéndonos a una vida auténtica y gratificante.

Al practicar diariamente la autocompasión y el respeto por nuestra trayectoria, permitimos que el amor propio florezca naturalmente. La construcción de una autoestima sólida es un proceso continuo, pero cada pequeño avance nos aproxima de una existencia más ligera, plena y coherente con nuestra verdadera esencia. En esta jornada, aprendemos a celebrar conquistas con gratitud, a enfrentar desafíos con resiliencia y, sobre todo, a vivir con la certeza de que somos plenamente dignos de amor, felicidad y realización.

Esa conexión profunda con la propia esencia nos permite ver más allá de las imperfecciones y limitaciones impuestas por el mundo externo. Al reconocer que somos parte de algo mayor, comprendemos que cada desafío enfrentado forma parte de nuestro proceso de evolución. Esta percepción nos fortalece, trayendo serenidad para lidiar con críticas y rechazos, pues pasamos a entender que nuestro valor no depende de la aprobación ajena. Así, la autoestima se convierte en un reflejo del respeto y del cariño que cultivamos por nosotros mismos, sustentando una base sólida para vivir de forma más plena y verdadera.

Con el fortalecimiento de la autoestima, pasamos a posicionarnos con más firmeza ante la vida, estableciendo límites saludables y priorizando aquello que realmente nos hace bien. Las elecciones se vuelven más conscientes y alineadas a nuestros valores, alejando la necesidad de agradar o encajar en patrones que no reflejan quiénes somos. Esta nueva mirada sobre sí mismo permite abrazar oportunidades con coraje, reconocer merecimientos sin culpa y transitar caminos de realización personal con confianza. El amor propio se revela, entonces, como un guía esencial para construir una trayectoria auténtica y gratificante.

Al cultivar diariamente la autocompasión y el respeto por nuestra historia, damos espacio para que el amor propio florezca de forma natural. La jornada para una autoestima verdadera es continua y exige dedicación, pero cada paso en este camino nos aproxima de una vida más ligera, plena y alineada con quienes realmente somos. A partir de esta base sólida, somos capaces de enfrentar desafíos con resiliencia, celebrar conquistas con gratitud y, sobre todo, vivir con la certeza de que somos dignos de amor, felicidad y realización.

Capítulo 12
Prosperidad Abundante

La verdadera prosperidad se revela cuando reconocemos que la abundancia va mucho más allá de los bienes materiales, abarcando el equilibrio emocional, la salud, las relaciones armoniosas, la realización personal y la paz interior. Este estado de plenitud surge naturalmente cuando estamos alineados con nuestra esencia y en armonía con el flujo del universo. La conexión profunda con nuestra sabiduría interior nos permite percibir que somos merecedores de una vida rica en oportunidades y felicidad. Al cultivar pensamientos positivos y nutrir sentimientos de gratitud, atraemos circunstancias favorables que impulsan el crecimiento en todas las áreas de la vida.

Superar las barreras internas es esencial para permitir que la prosperidad fluya libremente. Muchas veces, las creencias negativas arraigadas, como la idea de que la riqueza es inaccesible o de que el éxito exige sacrificios extremos, limitan nuestra capacidad de experimentar la abundancia. Identificar y transformar estas creencias es un paso fundamental para liberar bloqueos y crear espacio para nuevas posibilidades. Cuando asumimos la responsabilidad por nuestras experiencias y reconocemos el poder que tenemos de resignificar pensamientos y emociones, comenzamos a construir una realidad más próspera. Este cambio de perspectiva abre camino para el desarrollo de una mentalidad más abierta y receptiva a las oportunidades que surgen.

Integrar prácticas diarias que refuercen la confianza en el flujo de la vida fortalece la conexión con la abundancia. Actos de generosidad, afirmaciones positivas y la visualización de metas realizadas contribuyen a establecer una relación saludable con el concepto de prosperidad. Cada acción inspirada, guiada por la intuición y el propósito, acerca la realización de nuestros objetivos. Cuando nos entregamos al presente con confianza y gratitud, nos convertimos en co-creadores de una vida plena y equilibrada, donde la prosperidad se manifiesta de forma natural y continua en todos los aspectos del ser.

Muchas de las barreras que nos impiden experimentar la verdadera prosperidad tienen raíces profundas en creencias limitantes heredadas o construidas a lo largo de la vida. Desde la infancia, estamos expuestos a ideas que moldean nuestra percepción sobre el dinero, el éxito y la abundancia. Frases como "el dinero es sucio", "la riqueza es para pocos" o "hay que sufrir para vencer" se convierten en verdades inconscientes que limitan nuestra capacidad de prosperar. Estas creencias, muchas veces pasadas de generación en generación o reforzadas por experiencias negativas, crean bloqueos internos que impiden el flujo natural de la abundancia.

Sin embargo, el Ho'oponopono surge como una poderosa herramienta de curación y transformación, permitiéndonos acceder y limpiar estas memorias almacenadas en el subconsciente. La práctica nos invita a reconocer que estas limitaciones no forman parte de nuestra esencia, sino que son solo registros emocionales que pueden ser disueltos. Al repetir las frases "Lo siento. Perdóname. Te amo. Soy grato.", iniciamos un proceso de liberación de estas creencias, abriendo espacio para nuevas posibilidades. Este movimiento interno crea un ambiente fértil para que la prosperidad se manifieste de forma plena en todas las áreas de la vida.

    El primer paso para atraer la verdadera abundancia es asumir la responsabilidad por nuestra realidad financiera y por las creencias que alimentamos sobre la prosperidad. No se trata de culpa, sino de reconocer que tenemos el poder de transformar pensamientos y emociones que nos limitan. Cuando comprendemos que somos cocreadores de nuestra experiencia, abrimos camino para resignificar patrones antiguos y construir una mentalidad más positiva y receptiva a la prosperidad. Este cambio interno es fundamental para disolver bloqueos energéticos y permitir que el flujo de abundancia alcance todas las áreas de la vida.

    La gratitud desempeña un papel esencial en este proceso. Cuando cultivamos gratitud por todo lo que ya poseemos — por nuestras conquistas, por las pequeñas victorias diarias y hasta por los desafíos que nos enseñan —, entramos en sintonía con la energía de la abundancia. La gratitud expande nuestra percepción, permitiendo que reconozcamos las oportunidades que ya están presentes y atraigamos aún más bendiciones. Este sentimiento genuino crea una vibración positiva que nos conecta al flujo natural de prosperidad.

Otro elemento fundamental es la práctica de la visualización. Imaginarse viviendo una vida próspera y abundante, sintiendo la alegría y la gratitud por cada conquista, es una manera poderosa de alinear el subconsciente con nuestros objetivos. Al visualizar escenarios de éxito y realización, enviamos señales claras al universo de que estamos listos para recibir. Esta práctica fortalece la confianza en las propias capacidades y nos acerca a las metas deseadas.

Las afirmaciones positivas complementan esta jornada de transformación. Frases como "Soy próspero y abundante en todas las áreas de mi vida", "El dinero fluye hacia mí con facilidad y alegría" y "Merezco una vida repleta de bendiciones" tienen el poder de reprogramar creencias limitantes. La repetición constante de estas afirmaciones refuerza una mentalidad positiva, deshaciendo patrones de escasez e instalando nuevas creencias que favorecen la prosperidad.

La limpieza de memorias, por medio del Ho'oponopono, actúa directamente en las raíces emocionales de las creencias de limitación. Al dirigir las cuatro frases a memorias de escasez, miedo y autosabotaje, liberamos energía estancada y creamos espacio para nuevas experiencias. Este proceso de curación permite que la abundancia fluya de manera natural, libre de bloqueos internos. Es como abrir puertas antes cerradas, permitiendo que nuevas oportunidades entren en nuestra vida.

La generosidad también forma parte del ciclo virtuoso de la prosperidad. Compartir lo que tenemos, ya sea por medio de donaciones, apoyo al prójimo o gestos de bondad, refuerza el flujo de abundancia. Cuando damos de corazón abierto, sin esperar nada a cambio, demostramos confianza en el flujo de la vida. Este acto sincero crea una corriente de reciprocidad, donde lo que ofrecemos retorna multiplicado.

Sin embargo, la prosperidad no se manifiesta solo a través de pensamientos y sentimientos. La acción inspirada es esencial para concretar sueños. Seguir la intuición, actuar con confianza y aprovechar las oportunidades que surgen son pasos fundamentales para transformar deseos en realidad. La combinación de intención clara con acciones consistentes crea un camino sólido para el éxito. La prosperidad se convierte, así, en un reflejo directo de las elecciones conscientes que hacemos diariamente.

La verdadera prosperidad se revela cuando equilibramos todas las áreas de la vida. Cuidar de la salud física y mental es esencial para tener energía y disposición para aprovechar las oportunidades que surgen. Alimentarse bien, practicar ejercicios físicos y cultivar hábitos saludables son formas de honrar el cuerpo, nuestro principal instrumento de manifestación. De la misma forma, invertir en relaciones saludables y armoniosas fortalece nuestra base emocional, creando un ambiente de apoyo y bienestar.

En el campo profesional, buscar un trabajo alineado con nuestros talentos y propósito de vida contribuye a una sensación de realización y prosperidad. Cuando nos dedicamos a actividades que nos traen satisfacción, el éxito se convierte en una consecuencia natural. Esta alineación entre propósito y trabajo genera no solo retorno financiero, sino también un sentimiento profundo de contribución y significado.

La espiritualidad complementa este equilibrio. Estar conectado con nuestra esencia divina y con el universo nos proporciona claridad y dirección. La espiritualidad nos recuerda que somos parte de algo mayor y que la abundancia está disponible para todos los que se permiten recibir. Esta conexión nos guía con sabiduría y nos fortalece ante los desafíos, manteniéndonos firmes en el camino de la prosperidad verdadera.

Permitirse fluir con el ritmo natural de la vida es comprender que la abundancia no es un recurso finito, sino una energía en constante movimiento. Cuando nos abrimos a este flujo, percibimos que dar y recibir forman parte de un mismo ciclo. Pequeños actos de generosidad, gratitud sincera y acciones guiadas por el corazón crean un campo energético favorable al crecimiento y a la realización. Esta armonía interna se refleja en las oportunidades que surgen, permitiendo que el éxito se manifieste de forma leve y espontánea.

Al integrar el Ho'oponopono y otras prácticas conscientes en nuestra rutina, creamos una base sólida para que la prosperidad florezca. Cada pensamiento limpio de limitaciones y cada acción tomada con intención fortalece nuestra confianza en la vida. Así, aprendemos a confiar en los procesos, comprendiendo que cada desafío trae lecciones valiosas y que cada conquista es resultado de nuestro alineamiento con el propósito.

La prosperidad deja, entonces, de ser un objetivo distante y se transforma en parte integrante de nuestra jornada diaria. Vivir en abundancia es reconocer que ya somos completos y que la verdadera riqueza se manifiesta de dentro para afuera. Al liberarnos de creencias limitantes y abrirnos al flujo natural de la vida, nos convertimos en cocreadores de una realidad plena, rica en significado y realizaciones. Con mente clara y corazón abierto, seguimos guiados por una intuición sabia que nos conduce a caminos de crecimiento, equilibrio y plenitud. Así, la verdadera prosperidad se revela como un estado natural de ser, donde cada momento es una oportunidad de expandir, compartir y celebrar la abundancia en todas sus formas.

Permitirse vivenciar la prosperidad en su totalidad es comprender que nace del equilibrio entre dar y recibir. Cuando nos abrimos a este flujo natural, comprendemos que la abundancia no es un recurso limitado, sino una energía en constante movimiento. Pequeños gestos de generosidad, gratitud sincera y acciones guiadas por el corazón crean un ciclo positivo que amplía las posibilidades de crecimiento. Este estado de armonía nos conecta con oportunidades que antes pasaban desapercibidas, permitiendo que el éxito fluya de manera leve y espontánea.

Al integrar prácticas como el Ho'oponopono en nuestra rutina, cultivamos un suelo fértil para el florecimiento de la verdadera abundancia. Cada pensamiento limpio de limitaciones y cada acción tomada con intención consciente fortalece la confianza en nuestra capacidad de prosperar. Así, aprendemos a confiar en los procesos de la vida, sabiendo que cada desafío trae consigo lecciones valiosas y que cada conquista es reflejo de nuestro alineamiento con el propósito. La prosperidad, entonces, deja de ser un destino distante y se convierte en parte de nuestra jornada diaria.

Vivir en prosperidad es reconocer que ya somos completos y que la abundancia se manifiesta de dentro para afuera. Cuando nos libertamos de creencias limitantes y nos abrimos al flujo de la vida, nos convertimos en cocreadores de una realidad rica en significado y realizaciones. Con mente clara y corazón abierto, somos guiados por una intuición sabia que nos lleva a caminos de crecimiento y plenitud. Así, la verdadera prosperidad se revela como un estado natural de ser, donde cada momento es una oportunidad de expandir, compartir y celebrar la abundancia en todas sus formas.

Capítulo 13
Armonía Interior, Cuerpo Sano

La verdadera salud se manifiesta cuando existe un equilibrio entre cuerpo, mente y espíritu, reflejando directamente la armonía interior y la conexión profunda con nuestra esencia divina. Cada pensamiento, emoción y creencia moldea el funcionamiento del cuerpo físico, influenciando nuestro bienestar de manera significativa. Cuando mantenemos sentimientos positivos y cultivamos pensamientos constructivos, fortalecemos nuestra energía vital, creando condiciones favorables para el equilibrio físico y emocional. La búsqueda de la salud plena exige una alineación consciente entre nuestras actitudes internas y la forma en que interactuamos con el mundo, permitiendo que el cuerpo responda con vitalidad y resistencia. Este estado de armonía no depende solo de la ausencia de enfermedades, sino de una integración saludable de nuestros aspectos físicos, mentales y emocionales.

Este equilibrio comienza con el reconocimiento de que somos responsables de nuestro propio bienestar. Al percibir cómo los pensamientos negativos, el estrés y las emociones reprimidas pueden afectar directamente la salud física, se vuelve esencial cultivar prácticas que favorezcan la limpieza emocional y mental. La liberación de creencias limitantes y memorias dolorosas abre espacio para una renovación energética que repercute positivamente en el cuerpo. Así, al nutrir la mente con pensamientos positivos y establecer una conexión constante con nuestra esencia, fortalecemos el sistema inmunológico, equilibramos nuestras emociones y promovemos la regeneración natural del cuerpo. Este proceso continuo de autocuidado y responsabilidad personal crea una base sólida para una salud integral y duradera.

Cuidar del cuerpo con hábitos saludables, respetar los límites personales y valorar los momentos de descanso son pilares fundamentales para sustentar este estado de equilibrio. La alimentación equilibrada, la práctica de ejercicios físicos, el sueño de calidad y los momentos de relajación contribuyen al fortalecimiento físico y mental. Al integrar prácticas de autocuración y autoconocimiento, desarrollamos resiliencia ante los desafíos, prevenimos desequilibrios y cultivamos una salud vibrante. Esta aproximación holística nos conduce a una vida más plena, donde cuerpo, mente y espíritu coexisten en perfecta armonía, reflejando una existencia saludable y realizada.

Cuerpo y mente forman un sistema profundamente interconectado, donde cada pensamiento, emoción y creencia repercute directamente en la salud física. El estrés, la ansiedad, el miedo y el resentimiento son emociones que, cuando no se procesan, crean desequilibrios energéticos, manifestándose en malestares, enfermedades y desgaste físico. Muchas veces, estos sentimientos acumulados reflejan patrones emocionales antiguos o creencias limitantes que bloquean el flujo natural de bienestar. Así, comprender esta conexión es esencial para cultivar una salud integral.

El Ho'oponopono surge como una práctica transformadora en este proceso de curación, pues nos invita a mirar hacia adentro e identificar las memorias y creencias que causan desarmonía. Al repetir las frases "Lo siento. Perdóname. Te amo. Soy grato.", iniciamos una jornada de limpieza interior, disolviendo los registros emocionales negativos que alimentan los desequilibrios físicos y emocionales. Esta práctica simple, pero poderosa, permite que la energía vital fluya libremente, promoviendo no solo la salud física, sino también el equilibrio emocional y mental. La armonía interior, por lo tanto, es restaurada, reflejándose directamente en la vitalidad del cuerpo.

Asumir la responsabilidad por la propia salud es un paso fundamental en este camino. Cuando reconocemos que nuestros pensamientos y emociones influyen directamente en el funcionamiento del cuerpo, pasamos a tener más consciencia sobre cómo nutrir nuestra mente y espíritu. Esta responsabilidad no significa culpa, sino el poder de elegir cómo lidiar con las experiencias y emociones que vivimos. Esta consciencia nos permite tomar decisiones más alineadas con el autocuidado, favoreciendo la regeneración natural del cuerpo y la estabilidad emocional.

Dentro de este proceso de curación, la práctica de la limpieza de memorias con el Ho'oponopono desempeña un papel esencial. Dirigir las cuatro frases a memorias relacionadas con enfermedades, traumas físicos o creencias negativas sobre la salud crea un ambiente propicio para la curación. Al liberar estas energías densas, permitimos que nuestro cuerpo active su capacidad natural de regeneración. Este movimiento interno no solo alivia los síntomas físicos, sino que también disuelve patrones emocionales que podrían desencadenar nuevos desequilibrios.

La visualización es una práctica complementaria que potencializa este proceso de curación. Imaginarse con salud plena y vitalidad, sintiendo cada célula del cuerpo siendo bañada por una luz curativa, refuerza la conexión entre mente y cuerpo. Visualizar el cuerpo funcionando en perfecta armonía fortalece la confianza en la propia capacidad de curarse. Esta técnica, aliada a la repetición de las frases del Ho'oponopono, actúa directamente en el subconsciente, reprogramando creencias limitantes y promoviendo el bienestar.

Las afirmaciones positivas también desempeñan un papel fundamental en la construcción de una salud sólida. Frases como "Soy saludable y vibrante", "Mi cuerpo se cura y se regenera cada día" y "Tengo energía y disposición para vivir plenamente" ayudan a reprogramar el subconsciente. Al repetir estas afirmaciones con sinceridad, cultivamos una mentalidad que favorece el equilibrio físico y emocional. Este proceso continuo de fortalecimiento interno se refleja en el aumento de la disposición, la vitalidad y la resistencia física.

La gratitud por el cuerpo y por la salud es otro pilar esencial en esta jornada. Cuando reconocemos y agradecemos por el funcionamiento de nuestro cuerpo, incluso ante los desafíos, enviamos un mensaje de amor y valoración a cada célula. La gratitud tiene el poder de fortalecer el sistema inmunológico y de crear un ambiente interno favorable a la curación. Este sentimiento sincero de apreciación por nuestro cuerpo nos conecta con la energía de la abundancia y del bienestar.

Sin embargo, para que esta armonía se mantenga, es necesario adoptar hábitos de vida saludables. Una alimentación equilibrada, rica en nutrientes, aliada a la práctica regular de ejercicios físicos, al sueño de calidad y al contacto con la naturaleza, crea una base sólida para el equilibrio del cuerpo y de la mente. Estos cuidados físicos son complementados por el autocuidado emocional, que incluye momentos de relajación, meditación y prácticas que proporcionen placer y bienestar. El autocuidado es una expresión de amor propio que nutre todos los aspectos del ser.

El Ho'oponopono también puede ser utilizado como una herramienta complementaria en el tratamiento de enfermedades físicas y emocionales. Al limpiar memorias y creencias relacionadas con enfermedades, abrimos espacio para que la curación se manifieste en niveles profundos. Aunque no sustituye los tratamientos médicos convencionales, esta práctica potencializa los procesos de curación al actuar directamente en las causas emocionales y energéticas de las enfermedades. La integración entre cuidados médicos y prácticas de autocuración amplía las posibilidades de recuperación y equilibrio.

La salud mental, tan importante como la salud física, también se beneficia enormemente del Ho'oponopono. Problemas como el estrés, la ansiedad y la depresión muchas veces tienen raíces en memorias dolorosas y creencias distorsionadas sobre nosotros mismos. Al limpiar estas memorias, cultivamos la paz interior, el equilibrio emocional y la serenidad. Este proceso fortalece la resiliencia ante los desafíos, permitiendo que lidiemos con las emociones de forma más saludable y constructiva.

Buscar la salud integral es, por lo tanto, cultivar un estado de armonía entre cuerpo, mente y espíritu. Este equilibrio nos invita a cuidar de todos los aspectos de nuestro ser, nutriendo la conexión con nuestra esencia divina. La verdadera curación acontece cuando reconocemos esta integración y pasamos a actuar en alineamiento con ella. Así, cada pensamiento positivo, cada emoción acogida y cada gesto de autocuidado contribuyen a la construcción de una salud vibrante y sustentable.

Cuando comprendemos que la curación comienza en el interior, cada paso en dirección al autoconocimiento y al autocuidado gana un nuevo significado. Prácticas como el Ho'oponopono no solo alivian dolores físicos y emocionales, sino que también nos guían en una jornada profunda de reconciliación con nosotros mismos. Esta limpieza constante permite que la energía vital circule libremente, nutriendo el cuerpo, equilibrando la mente y elevando el espíritu. Cada gesto de amor propio, por menor que sea, se convierte en un eslabón poderoso en la construcción de una salud integral.

Integrar estas prácticas en la rutina diaria es estar atento a las señales del cuerpo y a las emociones que surgen, acogiéndolas con compasión y comprensión. Pequeños cambios, como reservar momentos para silenciar la mente, alimentarse de forma consciente o practicar ejercicios regulares, se convierten en grandes pasos en dirección al equilibrio. Desde esta perspectiva, la salud pasa a ser vista no solo como ausencia de enfermedades, sino como un reflejo directo de la armonía entre nuestros mundos interno y externo.

Recorrer este camino de equilibrio y autocuración nos despierta a la comprensión de que somos cocreadores de nuestra propia realidad. Este entendimiento nos inspira a respetar el cuerpo, alimentar la mente con pensamientos constructivos y nutrir el espíritu con amor. Así, alcanzamos un estado de plenitud donde la salud florece naturalmente, guiándonos hacia una vida más ligera, equilibrada y profundamente conectada con quienes realmente somos.

Cuando comprendemos que la verdadera curación nace del interior, pasamos a valorar cada paso dado en dirección al autoconocimiento y al autocuidado. Prácticas como el Ho'oponopono no solo alivian dolores emocionales y físicos, sino que también nos conducen a una jornada profunda de reconciliación con nosotros mismos. Este proceso de limpieza y renovación permite que la energía vital fluya libremente, promoviendo no solo la recuperación del cuerpo, sino también el fortalecimiento de la mente y del espíritu. Así, cada gesto de amor propio se transforma en un eslabón esencial en la construcción de una salud integral y duradera.

Integrar estas prácticas en lo cotidiano significa estar atento a las señales del cuerpo y a las emociones que emergen, acogiéndolas con compasión y entendimiento. Pequeños cambios, como reservar momentos para meditar, alimentarse de forma consciente y cultivar pensamientos positivos, se convierten en poderosos instrumentos de transformación. Desde esta nueva perspectiva, la salud deja de ser vista solo como ausencia de enfermedades y pasa a ser reconocida como un reflejo directo de la armonía entre nuestros mundos interno y externo.

Al recorrer este camino de equilibrio y autocuración, despertamos a la consciencia de que somos cocreadores de nuestra propia realidad. Esta comprensión nos inspira a cuidar del cuerpo con respeto, alimentar la mente con sabiduría y nutrir el espíritu con amor. Así, alcanzamos un estado de plenitud donde la salud florece naturalmente, guiándonos hacia una vida más ligera, equilibrada y profundamente conectada con nuestra esencia.

Capítulo 14
Flujo Interior

La creatividad es una energía inherente a todos los seres humanos, un flujo natural que surge de la conexión profunda con la propia esencia. Se manifiesta en múltiples formas, ya sea en el arte, la música, la ciencia, la resolución de problemas o la creación de ideas innovadoras. Esta fuerza creativa no depende de talentos excepcionales, sino de la capacidad de acceder y permitir que esta energía fluya libremente. Cuando alineamos nuestros pensamientos y emociones con esta fuerza interior, nos volvemos capaces de transformar ideas en realidad, encontrando soluciones originales y expresando nuestra individualidad de manera auténtica.

En el proceso de desarrollo creativo, es común que surjan obstáculos emocionales y mentales, limitando la expresión plena de este potencial. Creencias negativas, miedos e inseguridades son barreras que restringen el flujo creativo y alejan la conexión con la inspiración genuina. Al reconocer estos bloqueos como memorias y patrones acumulados, es posible iniciar un proceso de limpieza y liberación, permitiendo que la creatividad se manifieste de forma espontánea y sin limitaciones. Así, el camino se abre para una expresión más libre, ligera y conectada con la esencia interior.

Al cultivar un estado de presencia y apertura, la mente se vuelve más receptiva a nuevas ideas y perspectivas. Este estado favorece la intuición, que surge como un guía natural para la creación e innovación. A partir de esta conexión auténtica, la creatividad pasa a ser un canal de expresión de la esencia verdadera, impulsando acciones que reflejan equilibrio, armonía y propósito. La fluidez creativa no es solo una habilidad, sino una expresión natural del ser, capaz de transformar la manera en que nos relacionamos con el mundo y con nosotros mismos.

La creatividad es una expresión natural e ilimitada de la esencia humana, una energía vital que fluye cuando estamos en armonía con nuestro interior. No está restringida a habilidades artísticas o talentos extraordinarios, sino que se manifiesta de innumerables formas en lo cotidiano, ya sea en el arte, la ciencia, la solución de problemas o la creación de nuevas ideas. Esta fuerza creativa emerge de manera espontánea cuando nos permitimos acceder a nuestra sabiduría interna y confiamos en la intuición. Sin embargo, muchos de nosotros bloqueamos este flujo creativo debido a creencias limitantes, miedos e inseguridades, que funcionan como barreras invisibles, impidiendo la libre manifestación de nuestro potencial creativo.

El Ho'oponopono ofrece un camino para desbloquear esta energía creativa. Esta práctica hawaiana de reconciliación y limpieza emocional enseña que las memorias y creencias almacenadas en el subconsciente pueden ser limpiadas, permitiendo que la creatividad fluya sin impedimentos. Las cuatro frases:

"Lo siento. Perdóname. Te amo. Soy grato", funcionan como un proceso de purificación interna. Al dirigir estas palabras a memorias de críticas, rechazos o miedos relacionados con la expresión creativa, disolvemos las resistencias internas y abrimos espacio para que nuevas ideas surjan con ligereza y autenticidad. Esta práctica continua no solo remueve bloqueos, sino que también fortalece la conexión con la intuición, una fuente poderosa de inspiración.

Conectarse con la intuición es esencial para acceder al flujo creativo. La intuición, muchas veces silenciada por el exceso de racionalidad o por el miedo a errar, es la voz de la sabiduría interior, capaz de guiar nuestras creaciones con claridad y propósito. Para oírla, es preciso silenciar la mente, desacelerar y permitirse estar presente. Este estado de presencia favorece la percepción de nuevas ideas y perspectivas, tornando el proceso creativo más fluido y espontáneo. Cuando confiamos en esta voz interna, somos guiados hacia caminos de innovación y expresión genuina.

La visualización es otra herramienta poderosa para estimular la creatividad. Al imaginarse creando con libertad y alegría, visualizando proyectos siendo concluidos o ideas siendo desarrolladas, fortalecemos el vínculo entre mente y acción. Visualizar la realización de creaciones artísticas, soluciones innovadoras o nuevas posibilidades refuerza la confianza en nuestra capacidad creativa. Esta práctica envía señales claras al subconsciente de que estamos listos para transformar ideas en realidad, tornando el proceso creativo más accesible y natural.

Las afirmaciones positivas complementan este proceso de desbloqueo. Frases como "Soy creativo e inspirado", "La creatividad fluye libremente a través de mí" y "Expreso mis ideas con confianza" actúan como comandos que reprograman el subconsciente. La repetición constante de estas afirmaciones disuelve creencias negativas y fortalece la convicción de que somos plenamente capaces de crear. Este diálogo interno positivo construye una base sólida para que la creatividad florezca sin restricciones.

Además de las prácticas mentales y emocionales, la experimentación es fundamental para liberar el flujo creativo. Permitirse explorar diferentes técnicas, materiales y formas de expresión es una invitación a lo nuevo y a lo desconocido. Esta apertura a la experimentación reduce el miedo a fallar y estimula el descubrimiento de nuevos caminos. Muchas veces, la creatividad surge justamente cuando nos alejamos de la búsqueda por la perfección y nos entregamos al proceso con ligereza y curiosidad.

La naturaleza también es una fuente inagotable de inspiración. Observar la armonía, la diversidad y la simplicidad de los ciclos naturales despierta insights creativos y renueva la mente. Caminatas al aire libre, contemplación de paisajes o simplemente oír el sonido del agua y de los vientos son formas de reconectarse con el flujo natural de la vida, trayendo claridad y nuevas ideas. La conexión con la naturaleza calma la mente y abre espacio para que la creatividad se manifieste de manera espontánea.

Cultivar la curiosidad es igualmente esencial para alimentar el proceso creativo. Estar abierto a nuevas experiencias, conocimientos y perspectivas amplía el repertorio interno y estimula la mente a buscar soluciones fuera de lo convencional. La curiosidad nos impulsa a cuestionar, explorar y reinventar, características fundamentales para la innovación y la creación. Esta mirada curiosa hacia el mundo que nos rodea nos invita a ver posibilidades donde antes veíamos limitaciones.

Cuando removemos los bloqueos internos y nos reconectamos con la intuición, la creatividad pasa a fluir como un río libre de obstáculos. El Ho'oponopono facilita este proceso de limpieza, creando un espacio interno limpio y receptivo para nuevas ideas. Este estado de apertura nos permite no solo crear, sino también transformar la forma en que vivimos y nos relacionamos con el mundo. La creatividad deja de ser una habilidad ocasional y pasa a ser una fuerza constante de renovación y evolución.

Incorporar la creatividad en lo cotidiano es un ejercicio continuo de autoconocimiento y expresión. Desde las pequeñas decisiones diarias hasta los grandes proyectos, la creatividad puede ser aplicada en diversas áreas de la vida: en el trabajo, en las relaciones, en la resolución de problemas y en el desarrollo personal. Esta integración torna el vivir más auténtico y significativo, pues cada acción pasa a reflejar nuestra esencia verdadera.

Cuando nos entregamos al flujo creativo, nos abrimos a una jornada de autodescubrimiento. Cada idea materializada, cada creación concluida es una extensión de quienes somos, un reflejo de nuestra verdad interior. Este proceso no solo amplía nuestras posibilidades, sino que también nos invita a reinventar caminos y a manifestar nuestra singularidad de manera genuina. La creatividad se convierte, así, en un puente entre nuestro mundo interior y la realidad externa, permitiéndonos contribuir de forma significativa con el mundo que nos rodea.

Al integrar prácticas como el Ho'oponopono, la visualización y las afirmaciones positivas, creamos un ambiente interno favorable al despertar creativo. Este ambiente nos fortalece emocionalmente, permitiéndonos que enfrentemos desafíos con ligereza y confianza. La mente se expande, nuevas ideas emergen y soluciones innovadoras surgen con naturalidad. Este movimiento nos inspira a explorar territorios desconocidos y a transformar desafíos en oportunidades, despertando un potencial creativo ilimitado.

De este modo, la creatividad se consolida como un enlace poderoso entre nuestro ser y el mundo. Nos impulsa a vivir con propósito, a crear con intención y a expresar nuestra verdad de forma auténtica. Al nutrir este flujo interior, no solo damos vida a nuestras ideas, sino que también nos convertimos en agentes de cambio. Somos capaces de inspirar a otras personas a que también exploren su creatividad, creando un ciclo continuo de innovación y transformación.

Así, la creatividad se revela no como un recurso esporádico, sino como una fuerza constante que nos guía en dirección a una vida más rica, significativa y alineada con nuestra esencia. Cuando nos permitimos fluir con esta energía creativa, abrimos puertas para posibilidades infinitas y para la realización de nuestros sueños más auténticos.

Cuando permitimos que la creatividad fluya sin barreras, abrimos camino para una jornada de autodescubrimiento y transformación. Cada idea concebida y cada expresión auténtica reflejan no solo nuestra individualidad, sino también la conexión con algo mayor, que transciende límites y patrones. Este flujo continuo de creación nos invita a explorar nuevas posibilidades, a reinventar caminos y a manifestar nuestra esencia en todo lo que hacemos. Así, la creatividad deja de ser un recurso esporádico y se convierte en una fuerza constante de renovación y evolución.

Al integrar prácticas de limpieza emocional, como el Ho'oponopono, y cultivar estados de presencia y curiosidad, aprendemos a lidiar con los desafíos creativos de forma más ligera y confiada. La mente se expande, abriendo espacio para ideas innovadoras y soluciones que antes parecían inalcanzables. Este proceso nos fortalece internamente y nos inspira a explorar nuevos territorios, despertando un potencial creativo ilimitado que transforma nuestra relación con el mundo y con nosotros mismos.

De esta forma, la creatividad se establece como un puente entre nuestro interior y la realidad que nos rodea. Nos impulsa a vivir con propósito, a construir con significado y a expresar nuestra verdad de manera genuina. Al nutrir este flujo interior, no solo damos vida a nuestras ideas, sino que también nos convertimos en agentes de cambio, capaces de transformar desafíos en oportunidades y de inspirar a otros a seguir el mismo camino de expresión auténtica y realización plena.

Capítulo 15
Legados del Pasado

La ancestralidad se integra de forma profunda en nuestra existencia, moldeando quienes somos a través de las historias, tradiciones y memorias transmitidas por nuestros antepasados. Cada experiencia vivida por generaciones anteriores se refleja en nuestros comportamientos, creencias y decisiones diarias, influenciando silenciosamente la manera en que conducimos nuestras vidas. Esta conexión invisible no se limita a los legados positivos, sino que también involucra patrones disfuncionales, dolores no resueltos y creencias limitantes que continúan manifestándose a lo largo del tiempo. Reconocer y comprender esta influencia es esencial para promover la sanación interior y liberar el potencial de vivir con más ligereza y autenticidad. El Ho'oponopono surge como un camino eficaz para acceder a estas memorias heredadas, permitiendo la limpieza emocional y espiritual que reverbera por toda la línea familiar.

Al asumir la responsabilidad por estos patrones transmitidos, incluso aquellos que no comprendemos completamente, creamos la oportunidad de romper ciclos repetitivos y transformar nuestra realidad. La práctica del Ho'oponopono, con sus palabras de arrepentimiento, perdón, amor y gratitud, ofrece un abordaje compasivo para lidiar con la ancestralidad, reconociendo que las elecciones y actitudes de nuestros antepasados fueron moldeadas por las circunstancias de sus épocas. Este proceso no busca juzgar o justificar el pasado, sino acogerlo con comprensión y promover la sanación necesaria para seguir adelante. Liberarse de estas memorias limitantes permite abrir espacio para una nueva perspectiva de vida, más alineada con el bienestar, la armonía y el crecimiento personal.

Al integrar esta práctica de perdón y reconciliación en nuestra jornada, no solo transformamos nuestra propia experiencia, sino que también impactamos positivamente a nuestros familiares y las generaciones futuras. El Ho'oponopono se convierte en un puente entre pasado, presente y futuro, incentivando a honrar el legado recibido, mientras elegimos conscientemente construir un camino más saludable y equilibrado. Este movimiento de sanación ancestral fortalece nuestra conexión con las raíces familiares y nos capacita para crear un ambiente donde la abundancia, el amor y la paz puedan florecer de forma genuina y duradera.

Las experiencias, creencias y emociones vividas por nuestros antepasados moldean, de manera sutil y profunda, la forma en que conducimos nuestras vidas. Herencias emocionales y comportamentales son transmitidas a través de historias no contadas, patrones familiares repetitivos y comportamientos inconscientes que influencian nuestras elecciones. Muchas de estas influencias son invisibles, pues están enraizadas en memorias emocionales que atraviesan generaciones, creando ciclos de repetición de traumas, creencias limitantes y dificultades que parecen perpetuarse. Comprender esta conexión ancestral es esencial para que podamos identificar y transformar los patrones que nos impiden de vivir de forma plena.

El Ho'oponopono se presenta como una práctica eficaz para acceder y limpiar estas memorias heredadas. Nos invita a asumir responsabilidad no solo por nuestros propios pensamientos y acciones, sino también por las memorias familiares que cargamos inconscientemente. La práctica de las cuatro frases — "Lo siento. Perdóname. Te amo. Soy grato." — actúa como un bálsamo sobre estas heridas ancestrales, promoviendo la sanación emocional y espiritual que reverbera por toda nuestra línea familiar. Este proceso no busca justificar o borrar el pasado, sino acogerlo con compasión, comprendiendo que nuestros antepasados hicieron lo mejor que pudieron dentro de las circunstancias de sus épocas.

Perdonar el pasado ancestral es un acto de profunda liberación. No significa negar o minimizar los dolores y desafíos vividos por las generaciones anteriores, sino reconocer que, así como nosotros, ellos también fueron influenciados por sus propios contextos y limitaciones. Cuando dirigimos las palabras del Ho'oponopono a nuestros ancestros, reconocemos estos dolores y, al mismo tiempo, abrimos espacio para la sanación. Este gesto de amor y comprensión disuelve amarras invisibles, permitiendo que patrones repetitivos sean interrumpidos y que nuevas posibilidades florezcan en nuestras vidas.

Al reconocer los patrones heredados, como dificultades financieras, relaciones disfuncionales o creencias autolimitantes, podemos iniciar el proceso de transformación. El Ho'oponopono nos invita a observar estos ciclos con atención y dirigir la práctica de limpieza para estos aspectos. Esta liberación crea un espacio interno para elecciones más conscientes y alineadas con nuestros deseos y propósitos. Así, dejamos de ser rehenes de una historia repetitiva y pasamos a ser autores de nuestra propia narrativa.

Honrar el legado ancestral es parte fundamental de este proceso. Reconocer la fuerza, la resiliencia y la sabiduría de nuestros antepasados no borra sus fallas, sino que amplía nuestra comprensión sobre quiénes somos. Podemos cultivar esta honra a través de la preservación de tradiciones familiares, de la valorización de las historias que nos fueron contadas y de la gratitud por la trayectoria que nos trajo hasta aquí. Este reconocimiento no solo fortalece nuestra identidad, sino que también construye una base sólida para que podamos avanzar con más confianza y equilibrio.

Sanar el árbol genealógico es un acto que trasciende lo individual. Al limpiar memorias y patrones limitantes, promovemos la sanación no solo para nosotros, sino para toda nuestra línea familiar, impactando también las generaciones futuras. Romper con ciclos negativos significa ofrecer a nuestros descendientes un legado más ligero y armonioso. Este proceso de sanación es un regalo que hace eco en el tiempo, permitiendo que el amor, la sabiduría y la prosperidad fluyan libremente a través de las generaciones.

Esta jornada de reconciliación con el pasado ancestral refuerza la consciencia de que somos eslabones vivos en una cadena que atraviesa el tiempo. Cada acto de sanación y perdón que realizamos reverbera silenciosamente, impactando positivamente no solo nuestra vida, sino también las vidas de aquellos que vinieron antes y de aquellos que aún vendrán. Al liberarnos de los dolores heredados, permitimos que nuestra línea familiar siga en dirección a un camino de más amor, equilibrio y abundancia.

Integrar esta práctica en nuestra vida cotidiana es un ejercicio de presencia y responsabilidad. Observar cómo determinados comportamientos o emociones recurrentes pueden estar ligados a memorias familiares es el primer paso para la sanación. A cada reconocimiento, podemos aplicar el Ho'oponopono, trayendo ligereza y compasión para estas experiencias. Esta práctica constante nos permite deshacer nudos emocionales y reconstruir nuestros caminos de forma más consciente.

Este movimiento de sanación también nos aproxima de una comprensión más profunda sobre la naturaleza de la compasión. Cuando miramos al pasado con empatía, percibimos que, así como nosotros, nuestros antepasados enfrentaron desafíos y tomaron decisiones basados en sus propias limitaciones y contextos. Este entendimiento nos libera del peso del juicio y nos invita a trillar un camino de comprensión y aceptación, tanto en relación al pasado como al presente.

Al liberarnos de estas herencias emocionales, pasamos a construir una vida más auténtica y ligera. La ausencia de los patrones repetitivos permite que nuevas elecciones sean hechas a partir de un lugar de claridad y alineamiento con nuestra esencia. Así, nuestras relaciones se vuelven más saludables, nuestras decisiones más conscientes y nuestro camino más alineado con nuestros verdaderos valores.

Este proceso también nos inspira a crear un legado positivo. Al sanar las heridas del pasado, dejamos un rastro de amor, sabiduría y libertad para aquellos que seguirán tras nosotros. Nuestros descendientes heredarán no solo historias, sino también la fuerza de un linaje que eligió romper con patrones de dolor y construir una base sólida de amor y comprensión. Este es el verdadero poder de la sanación ancestral: transformar no solo el presente, sino moldear un futuro más ligero y próspero.

Permitirse honrar y sanar el pasado es un acto de valentía y amor. Elegir este camino es reconocer que cada paso de sanación fortalece nuestra jornada y enriquece el mundo a nuestro alrededor. Así, la herencia que dejamos pasa a ser marcada por equilibrio, compasión y autenticidad. Somos invitados a vivir con más consciencia, liberados de las cargas que no nos pertenecen más, y a ofrecer al mundo nuestra mejor versión.

De esta forma, al integrar el Ho'oponopono como herramienta de sanación ancestral, accedemos a un estado de profundo equilibrio y conexión con nuestras raíces. Esta práctica nos permite transformar el dolor en sabiduría, el peso en ligereza y la repetición en libertad. Somos, entonces, capaces de construir una vida en armonía con nuestra esencia y dejar un legado de amor y consciencia para las generaciones que están por venir.

Al liberarnos de los pesos heredados y de las memorias limitantes, creamos espacio para que nuevas posibilidades florezcan en nuestra vida y en la de nuestros descendientes. Este proceso de sanación no solo disuelve patrones repetitivos, sino que también fortalece nuestra identidad y nos reconecta con la sabiduría ancestral de forma más ligera y consciente. Así, nos volvemos libres para construir un futuro basado en el equilibrio, la abundancia y relaciones más saludables, donde el pasado ya no dicta nuestro camino, sino que inspira elecciones más alineadas con nuestra verdadera esencia.

Esta jornada de reconciliación con la ancestralidad nos recuerda que somos eslabones vivos de una cadena que atraviesa el tiempo. Cada acto de perdón y amor dedicado a nuestros antepasados reverbera silenciosamente en todas las direcciones, tocando generaciones pasadas y futuras. Al sanar nuestra historia, no solo nos liberamos, sino que también ofrecemos un legado más puro y armonioso para aquellos que vendrán. Esta transformación se refleja en nuevas formas de pensar, sentir y actuar, creando raíces sólidas para el florecimiento de una existencia más plena.

Permitirse sanar y honrar el pasado es un gesto de valentía y amor. Al elegir este camino, no estamos solo cerrando ciclos de dolor, sino abriendo puertas para experiencias más auténticas y significativas. Somos invitados a vivir con más compasión y consciencia, reconociendo que cada paso de sanación y liberación fortalece nuestra jornada y enriquece el mundo a nuestro alrededor. Así, la herencia que dejamos pasa a ser marcada por amor, sabiduría y libertad, guiándonos hacia un futuro verdaderamente renovado.

Capítulo 16
Ho'oponopono para Niños

El Ho'oponopono se presenta como una herramienta esencial para apoyar el desarrollo emocional y espiritual de los niños, proporcionándoles recursos para lidiar con sentimientos y desafíos desde temprana edad. Al ser introducidos a esta práctica, aprenden a reconocer y comprender sus emociones, cultivando la responsabilidad por sus pensamientos y actitudes. Este enfoque favorece la construcción de una base sólida para el autoconocimiento y la empatía, permitiéndoles desarrollar relaciones más armoniosas y lidiar de forma positiva con situaciones adversas. La simplicidad y profundidad del Ho'oponopono hacen de esta filosofía algo accesible y transformador, despertando en los niños la capacidad de promover su propia sanación e impactar positivamente en el entorno que les rodea.

Integrar el Ho'oponopono en la rutina de los niños estimula la consciencia de que cada acción y pensamiento tiene un impacto en sus vidas y en el mundo. La práctica de las frases "Lo siento, perdóname, te amo, gracias" enseña valores fundamentales como el perdón, la gratitud y el amor propio, elementos que fortalecen la autoestima e incentivan actitudes compasivas. Al aprender a asumir la responsabilidad de sus emociones y a transformar los sentimientos negativos, los niños desarrollan habilidades para afrontar conflictos con madurez y equilibrio, construyendo una base emocional saludable que les acompañará a lo largo de la vida.

Este proceso de aprendizaje no solo beneficia el crecimiento individual, sino que también contribuye a un ambiente familiar y social más armonioso. Los niños que practican el Ho'oponopono se convierten en ejemplos de empatía, respeto y cooperación, influenciando positivamente a quienes les rodean. De esta forma, la introducción de esta práctica en la infancia no solo favorece el bienestar emocional de los niños, sino que también promueve una cultura de paz y comprensión, formando individuos más conscientes y preparados para construir un futuro mejor.

Los niños, por naturaleza, son espíritus receptivos, con corazones aún libres de muchos condicionamientos y creencias limitantes. Esta pureza interior hace que absorban nuevas enseñanzas con facilidad y naturalidad. En este contexto, el Ho'oponopono surge como una práctica especialmente accesible para los pequeños, pues su simplicidad y profundidad pueden ser presentadas de manera lúdica y creativa. Cuando son guiados por historias envolventes o actividades que estimulan la imaginación, los niños despiertan a la consciencia de que son seres poderosos, plenamente capaces de transformarse a sí mismos y al mundo que les rodea. Este descubrimiento fortalece la idea de que cada pensamiento, sentimiento y acción influye directamente en la realidad que viven.

Para que el Ho'oponopono sea verdaderamente significativo para los niños, es esencial adaptar el lenguaje y los conceptos a su comprensión. La introducción de esta filosofía debe hacerse de manera ligera y divertida, utilizando recursos que estimulen el interés natural de los pequeños. Historias encantadoras, juegos envolventes, dibujos coloridos y canciones cautivadoras son herramientas eficaces para transmitir los principios de esta práctica. Al explorar estos recursos, los niños pueden asimilar con mayor facilidad la importancia de asumir la responsabilidad de sus pensamientos y emociones, aprendiendo a identificar y transformar los sentimientos de tristeza, ira o miedo.

El lenguaje simple es fundamental en este proceso. Explicar los principios del Ho'oponopono de forma clara, con palabras que los niños comprendan, facilita el entendimiento. Hablar sobre cómo los pensamientos y las emociones influyen en sus acciones y cómo es posible "limpiar" los recuerdos que causan incomodidad crea un espacio seguro para la reflexión. Por ejemplo, al describir los recuerdos dolorosos como "pequeños monstruos" que viven escondidos en la mente, se vuelve más fácil para el niño comprender que estos sentimientos pueden ser acogidos con amor y gratitud, transformándose en "amigos" que ya no causan dolor.

Las historias y metáforas desempeñan un papel crucial en este aprendizaje. Las narrativas que presentan personajes que enfrentan desafíos emocionales y los superan con la práctica del Ho'oponopono ayudan a los niños a visualizar cómo esta herramienta puede ser aplicada en sus propias vidas. Un ejemplo sería contar la historia de un personaje que siente miedo al dormir solo, pero aprende a conversar con sus pensamientos y emociones a través de las frases "Lo siento, perdóname, te amo, gracias", transformando el miedo en valentía y tranquilidad. Estas historias no solo entretienen, sino que también ofrecen ejemplos prácticos de cómo lidiar con sentimientos difíciles.

Los juegos también son recursos poderosos para fijar estas enseñanzas. Los juegos que estimulan la repetición de las frases del Ho'oponopono, como el juego del "espejo", donde el niño se mira a los ojos mientras dice las frases, ayudan a internalizar los conceptos de amor propio y perdón. Otra actividad lúdica puede ser el juego de "limpiar la casa", donde los niños imaginan que están quitando el polvo invisible de una habitación, simbolizando la limpieza de pensamientos y sentimientos negativos. Este tipo de actividad hace que el proceso de autoconocimiento sea ligero y placentero.

Los dibujos y pinturas también desempeñan un papel esencial en la expresión emocional. Animar al niño a dibujar situaciones que le hayan entristecido o enfadado y, a continuación, utilizar las frases del Ho'oponopono para "limpiar" esos sentimientos, promueve la liberación emocional de forma creativa. Los colores vibrantes y los trazos libres permiten a los pequeños expresar sus emociones de forma no verbal, facilitando la comprensión y la aceptación de estas experiencias. Después de este proceso, pueden redibujar la escena con elementos que simbolicen el amor y la gratitud, reforzando la idea de transformación emocional.

La música, por su parte, ofrece una forma atractiva de reforzar las enseñanzas del Ho'oponopono. Las canciones que abordan temas como el perdón, el amor y la gratitud captan la atención de los niños de forma natural. La musicalidad no solo divierte, sino que también ayuda a fijar conceptos importantes de forma inconsciente. Cantar junto con los niños crea un ambiente de conexión y alegría, mientras que los mensajes positivos se internalizan sin esfuerzo.

Los beneficios de esta práctica para el desarrollo infantil son amplios y profundos. En el aspecto emocional, el Ho'oponopono ayuda a los niños a comprender y gestionar sus sentimientos de forma saludable. Aprenden a identificar lo que sienten, a expresarse con asertividad y a respetar sus propias emociones y las de los demás. Este aprendizaje continuo contribuye a fortalecer la autoestima, permitiéndoles reconocer su valor intrínseco y desarrollar la confianza en sí mismos. Cuando un niño entiende que puede cuidar de sus emociones y transformarlas, se siente más seguro y capaz ante los retos cotidianos.

Las relaciones interpersonales también se benefician de esta práctica. El Ho'oponopono enseña a los niños la importancia de la empatía, el respeto y la cooperación. Estas cualidades son esenciales para construir relaciones armoniosas con familiares, amigos y compañeros. Al comprender que sus acciones impactan en los demás, los niños se vuelven más sensibles a las necesidades y sentimientos de quienes les rodean. Esto promueve un ambiente de respeto mutuo, donde la comunicación es más abierta y los conflictos se resuelven de forma pacífica.

Hablando de conflictos, el Ho'oponopono ofrece herramientas eficaces para que los niños aprendan a gestionar los desacuerdos con madurez. Empiezan a buscar soluciones a través del diálogo y la comprensión, evitando reacciones impulsivas o agresivas. Esta capacidad de resolver conflictos con serenidad es valiosa no solo en la infancia, sino a lo largo de toda la vida.

Otro aspecto fundamental que desarrolla el Ho'oponopono es la responsabilidad personal. Los niños empiezan a percibir que son responsables de sus pensamientos, sentimientos y acciones, comprendiendo que tienen el poder de crear su propia realidad. Este sentido de la responsabilidad refuerza la autonomía y fomenta actitudes más conscientes y equilibradas, moldeando a individuos más preparados para afrontar los retos con resiliencia.

Por último, el cultivo de la paz interior es uno de los regalos más valiosos que el Ho'oponopono ofrece a los niños. La práctica constante ayuda a calmar la mente y el corazón, proporcionando serenidad incluso ante situaciones estresantes. Esta tranquilidad interior se refleja en actitudes más equilibradas, favoreciendo la salud emocional y el bienestar general.

Al enseñar el Ho'oponopono a los niños, estamos contribuyendo a formar una generación de agentes de transformación. Estos pequeños, al incorporar la práctica a sus rutinas, esparcen semillas de armonía y sanación allá por donde pasan. Comprenden que, al cuidarse a sí mismos, también influyen positivamente en el entorno que les rodea. Este círculo virtuoso genera impactos duraderos, promoviendo una cultura de paz, respeto y compasión.

Por lo tanto, al sembrar el Ho'oponopono en la infancia, no solo estamos apoyando el crecimiento emocional de los niños, sino que también estamos colaborando en la construcción de un mundo más amoroso, consciente y pacífico. Los niños de hoy son las semillas del mañana, y al ofrecerles herramientas para gestionar las emociones y promover el bien, los estamos preparando para que florezcan como adultos equilibrados, resilientes y comprometidos con un futuro mejor.

Al fomentar la práctica del Ho'oponopono desde la infancia, abrimos espacio para que los niños crezcan con una comprensión más profunda de sí mismos y del mundo que les rodea. Esta conexión interior fortalece no solo la forma en que gestionan sus propias emociones, sino también cómo interactúan con el entorno, promoviendo actitudes más conscientes y empáticas. Con esta base sólida, estarán más preparados para afrontar los retos de la vida de forma equilibrada y positiva, convirtiéndose en adultos emocionalmente sanos y resilientes.

Además, la implicación de las familias en este proceso potencia los beneficios del Ho'oponopono, creando hogares más armoniosos y relaciones familiares más sólidas. Cuando padres e hijos comparten momentos de reflexión y sanación, fortalecen sus vínculos afectivos y construyen una red de apoyo emocional que favorece el crecimiento colectivo. Este entorno seguro y amoroso estimula la comunicación abierta y la resolución pacífica de conflictos, contribuyendo al bienestar de todos.

Al integrar el Ho'oponopono en la formación emocional de los niños, estamos plantando semillas de amor, respeto y responsabilidad que florecerán a lo largo de sus vidas. Esta práctica sencilla, pero profundamente transformadora, tiene el poder de moldear una generación más consciente, empática y preparada para transformar el mundo con amabilidad y sabiduría. Así, cada niño se convierte en una luz de sanación y equilibrio, irradiando paz y compasión allá por donde pasa.

Capítulo 17
Armonía y Sanación en la Relación

La convivencia con animales de compañía representa una profunda experiencia de conexión emocional y energética, capaz de promover el equilibrio y el bienestar tanto para los humanos como para los propios animales. Estos compañeros leales son fuentes constantes de afecto, alegría y consuelo, convirtiéndose en parte esencial del entorno familiar. En el contexto del Ho'oponopono, esta relación va más allá del cuidado físico, implicando un intercambio energético que refleja nuestros estados emocionales y patrones de comportamiento. Así, al cuidar de nuestro equilibrio interno, influimos positivamente en la salud y el comportamiento de nuestros animales, creando una convivencia más armoniosa y amorosa.

Las mascotas tienen la sensibilidad de captar y reflejar las emociones de las personas con las que conviven, actuando como verdaderos espejos emocionales. Muchas veces, las alteraciones en su comportamiento o salud pueden indicar desequilibrios en el entorno familiar o en los sentimientos de sus tutores. Esta percepción nos invita a asumir la responsabilidad no solo de los cuidados físicos, sino también del entorno emocional que proporcionamos. Al practicar el Ho'oponopono, dirigimos intenciones de amor, perdón y gratitud que ayudan a disolver las memorias y energías negativas, creando un espacio más ligero y seguro para nuestros animales.

Al integrar el Ho'oponopono en el día a día con nuestros animales, fortalecemos los lazos de amor incondicional y respeto mutuo. La práctica consciente de asumir la responsabilidad de las propias emociones, junto con el cuidado físico y emocional, contribuye a la sanación de los desequilibrios y refuerza la armonía de la convivencia. Este camino de profunda conexión no solo favorece la salud y la felicidad de los animales, sino que también nos enseña sobre la empatía, la paciencia y la importancia de vivir el presente con ligereza. Este intercambio continuo de amor y sanación enriquece el viaje compartido, transformando la convivencia en una experiencia de crecimiento y bienestar para todos.

La convivencia con animales de compañía trasciende el simple cuidado físico y se revela como un viaje de profunda conexión emocional y energética. Nuestros compañeros de cuatro patas, con su presencia silenciosa y acogedora, tienen la increíble capacidad de captar y reflejar nuestros estados emocionales más sutiles. Esta sensibilidad natural los convierte en verdaderos espejos del alma, revelando aspectos de nosotros mismos que, a menudo, permanecen ocultos hasta que se reflejan en sus comportamientos o en su salud. Situaciones de estrés, ansiedad o desequilibrios emocionales en los tutores pueden, por ejemplo, manifestarse en actitudes inusuales o incluso en enfermedades en los animales, señalando la necesidad de prestar atención no solo al físico, sino también al entorno emocional compartido.

Al integrar la práctica del Ho'oponopono en esta relación, abrimos camino a una profunda sanación mutua. Esta filosofía hawaiana de reconciliación y perdón nos invita a mirar con mayor responsabilidad la realidad que co-creamos con nuestros animales. Cada pensamiento, emoción y acción influye directamente en el entorno en el que vivimos y, en consecuencia, impacta en quienes comparten ese espacio con nosotros. Cuando utilizamos las sencillas y poderosas palabras del Ho'oponopono - "Lo siento. Perdóname. Te amo. Gracias" - dirigidas a los recuerdos y emociones que generan desequilibrios, no solo estamos promoviendo nuestra propia sanación, sino que también contribuimos al bienestar de nuestros animales.

Este proceso de limpieza emocional comienza con el reconocimiento de nuestra responsabilidad. No se trata de culpa, sino de comprender que tenemos el poder de transformar la energía que circula en nuestra convivencia. Al asumir esta postura, podemos disolver los recuerdos de momentos difíciles, como frustraciones, peleas o impaciencias dirigidas a nuestros animales. Con la práctica constante, creamos un ambiente más ligero, seguro y amoroso, donde la armonía florece de forma natural. Este cambio energético impacta directamente en la forma en que los animales se comportan y se sienten, proporcionándoles un espacio de acogida y tranquilidad.

La comunicación intuitiva también juega un papel fundamental en este proceso. Los animales tienen una forma de comunicarse que trasciende las palabras. Sus miradas, gestos y comportamientos son expresiones genuinas de sus necesidades y emociones. Cuando nos permitimos observar con atención y escuchar con el corazón, desarrollamos una conexión más profunda, capaz de captar estos mensajes sutiles. El Ho'oponopono nos ayuda a silenciar el ruido mental y a estar verdaderamente presentes, favoreciendo este diálogo silencioso e intuitivo con nuestros animales.

Visualizar a nuestros compañeros sanos, felices y en armonía es una poderosa herramienta dentro de esta práctica. Al cerrar los ojos e imaginar momentos de cariño, juegos y paz, estamos, energéticamente, colaborando para crear esa realidad. Esta visualización, acompañada de las frases del Ho'oponopono, refuerza la intención de sanación y equilibrio, proyectando amor y gratitud en cada interacción que tenemos con nuestros animales. Esta práctica no solo fortalece el vínculo, sino que también actúa como un bálsamo energético que suaviza las tensiones y promueve el bienestar.

Expresar amor incondicional es, quizás, la lección más valiosa que los animales nos enseñan a diario. Nos aceptan tal como somos, sin juicios ni exigencias. Al corresponder a este amor de forma genuina, reconociendo sus singularidades, respetando sus límites y atendiendo a sus necesidades físicas y emocionales, creamos un ciclo continuo de afecto y sanación. Este amor, libre de condiciones, es uno de los pilares del Ho'oponopono y se manifiesta en gestos sencillos, pero profundamente significativos, como una mirada cariñosa, una caricia o un momento de juego.

El cuidado físico, a su vez, es una extensión de este amor. Garantizar una alimentación adecuada, ejercicio, higiene y seguimiento veterinario regular es una forma concreta de demostrar respeto y cuidado. Sin embargo, estos cuidados adquieren una dimensión aún más profunda cuando se realizan con plena atención y presencia. Cada momento de cuidado puede transformarse en una oportunidad de conexión y sanación, cuando se realiza con intención amorosa y consciencia. Así, el Ho'oponopono nos invita a convertir cada interacción en una expresión de cuidado integral, uniendo cuerpo, mente y espíritu.

Cuando surgen problemas de salud o de comportamiento, la práctica del Ho'oponopono puede ser un poderoso aliado del tratamiento médico. Limpiar los recuerdos y emociones que puedan estar contribuyendo al desequilibrio del animal potencia el proceso de curación. Sin embargo, es fundamental recordar que esta práctica no sustituye a los cuidados veterinarios, sino que los complementa, actuando a niveles sutiles y profundos. Este cuidado integral favorece la recuperación y el bienestar, promoviendo la armonía en todas las dimensiones de la convivencia.

La armonía entre especies se manifiesta cuando reconocemos que los animales son seres sensibles y conscientes, dotados de sabiduría propia. Nos enseñan a diario sobre la importancia del momento presente, de la sencillez y de la aceptación. Practicar el Ho'oponopono con nuestros animales es una forma de honrar esta sabiduría y corresponder al amor incondicional que nos ofrecen. Este camino de respeto mutuo nos conduce a una convivencia más ligera y equilibrada, donde cada gesto de cuidado y cariño se transforma en un eslabón de sanación y conexión.

Este proceso de integración consciente nos lleva a reflexionar sobre el impacto de nuestras emociones y acciones en el entorno que nos rodea. Al cuidar del bienestar de nuestros animales, nos vemos naturalmente invitados a cuidar de nosotros mismos. Pequeños gestos de atención, presencia y amor se convierten en poderosos agentes de transformación, no solo en la relación con nuestros animales, sino en todas las áreas de nuestra vida. Este ciclo de equilibrio y bienestar se expande, influyendo positivamente en nuestras relaciones familiares, sociales e incluso en nuestro vínculo con la naturaleza.

Así, al profundizar en esta conexión con responsabilidad y amor, creamos un espacio donde la armonía y la sanación pueden florecer de forma natural y continua. Los animales nos enseñan la paciencia, la empatía y la belleza de vivir con sencillez. Al reconocer estas enseñanzas y aplicarlas en nuestro día a día, no solo enriquecemos la relación con nuestras mascotas, sino que también nos transformamos a nosotros mismos. Este viaje de crecimiento mutuo nos invita a vivir con más ligereza, compasión y gratitud, promoviendo un ambiente de paz y amor que beneficia a todos los seres. La relación con nuestras mascotas nos enseña sobre el amor incondicional, la lealtad, la alegría de vivir el momento presente y la importancia de la conexión con la naturaleza. El Ho'oponopono nos invita a honrar esta conexión entre especies, reconociendo la sabiduría y el amor que los animales traen a nuestras vidas.

Al practicar el Ho'oponopono con nuestras mascotas, abrimos un canal de sanación mutua que trasciende las palabras y se manifiesta en gestos de cariño, presencia y cuidado. Este vínculo nos enseña a respetar el tiempo y las necesidades de cada ser, desarrollando en nosotros una escucha más atenta y una mirada más compasiva. La armonía resultante de esta práctica no solo fortalece la salud emocional y física de los animales, sino que también nos permite experimentar una convivencia más ligera y equilibrada, donde el amor fluye de forma natural y constante.

Esta integración consciente también nos conduce a una percepción más amplia sobre el impacto de nuestras acciones en el entorno en el que vivimos. Cuidar del bienestar de nuestros animales es, al mismo tiempo, una invitación a cuidarnos a nosotros mismos y al espacio que compartimos. Pequeños gestos de atención y afecto se convierten en poderosos agentes de transformación, creando un ciclo continuo de equilibrio y bienestar. Así, la práctica del Ho'oponopono se extiende, influyendo positivamente en todas las relaciones a nuestro alrededor.

Al comprender la profundidad de este lazo, reconocemos que la convivencia con nuestros animales es un intercambio constante de enseñanzas sobre paciencia, aceptación y amor incondicional. Nos muestran el valor de estar presentes y la belleza de la sencillez. Al cultivar esta conexión con responsabilidad y consciencia, creamos un ambiente donde florece la armonía, permitiendo que la sanación se manifieste de forma natural y duradera, enriqueciendo el viaje compartido de crecimiento y aprendizaje.

Capítulo 18
Prosperidad Financiera con Consciencia

La prosperidad financiera es una expresión natural del equilibrio interno y la armonía con la energía de la abundancia. Cuando nos conectamos profundamente con el flujo de la vida, reconocemos que el dinero es una extensión de nuestra propia vibración y de las elecciones que hacemos diariamente. No es solo un recurso material, sino una manifestación concreta de nuestra mentalidad de merecimiento, gratitud y responsabilidad. Al entender que nuestra relación con el dinero refleja patrones internos de pensamiento y emoción, se vuelve posible alinear nuestra energía con la prosperidad de forma consciente y sostenible. Esta conexión nos permite atraer recursos con fluidez, administrarlos con sabiduría y compartirlos con generosidad, creando un ciclo virtuoso de crecimiento y realización.

Desarrollar una mentalidad de abundancia exige el reconocimiento de creencias limitantes que puedan estar bloqueando el flujo financiero. Muchas de estas creencias están enraizadas en experiencias pasadas, influencias familiares o condicionamientos sociales, que asocian el dinero a sentimientos de culpa, miedo o escasez. Superar estos bloqueos requiere un compromiso sincero con la autorresponsabilidad y la autotransformación. Al asumir el control de nuestra realidad financiera, abrimos espacio para resignificar antiguas percepciones y crear nuevas posibilidades. Este cambio de perspectiva fortalece la confianza personal y permite utilizar el dinero de forma equilibrada, como un medio para concretar objetivos y contribuir positivamente al mundo que nos rodea.

La verdadera prosperidad financiera surge cuando utilizamos el dinero con consciencia y propósito, reconociendo su papel como una herramienta de crecimiento y realización personal. Al cultivar gratitud por lo que ya poseemos y adoptar prácticas conscientes de gestión financiera, ampliamos nuestra capacidad de atraer y multiplicar recursos. Este flujo constante de abundancia se vuelve más potente cuando se alinea con acciones de generosidad y colaboración, fortaleciendo no solo nuestra estabilidad económica, sino también nuestro impacto positivo en la sociedad. Vivir en armonía con el dinero es, por lo tanto, un camino de equilibrio entre recibir, administrar y compartir, permitiéndonos construir una vida plena, significativa y alineada con nuestros valores más profundos.

El dinero, mucho más allá de ser solo una moneda de cambio o un recurso material, es una energía en constante movimiento, reflejando directamente nuestros pensamientos, emociones y actitudes en relación a la prosperidad. Desde temprana edad, somos influenciados por creencias limitantes que moldean nuestra percepción financiera. Estas creencias, muchas veces enraizadas en experiencias familiares o sociales, asocian el dinero a sentimientos de escasez, miedo o culpa. Este condicionamiento impide el flujo natural de la abundancia y restringe nuestra capacidad de atraer y administrar recursos de forma consciente.

No obstante, el Ho'oponopono nos ofrece un camino para transformar esta relación con el dinero, permitiéndonos limpiar memorias y creencias que limitan nuestra prosperidad. Por medio de las frases simples y poderosas — "Lo siento. Perdóname. Te amo. Soy grato(a)." — podemos reprogramar nuestra mente, disolviendo bloqueos emocionales y abriendo espacio para una nueva realidad financiera. Este proceso de limpieza energética no solo alivia el peso de experiencias negativas, sino también crea condiciones para que la abundancia fluya con más ligereza y naturalidad en nuestras vidas.

Asumir la responsabilidad por la propia realidad financiera es el primer paso en este proceso de transformación. Esta responsabilidad no implica culpa, sino el reconocimiento de que somos cocreadores de nuestra experiencia con el dinero. Cuando aceptamos este papel activo, dejamos de ser víctimas de las circunstancias y pasamos a actuar con consciencia, tomando decisiones que favorecen el equilibrio y el crecimiento financiero. Este cambio de perspectiva nos permite identificar patrones de comportamiento perjudiciales, como gastos impulsivos o miedo a invertir, y sustituirlos por hábitos más saludables y alineados con nuestros objetivos.

Cultivar la gratitud por el dinero que ya tenemos, independientemente de la cantidad, es otra práctica fundamental para atraer prosperidad. La gratitud nos conecta con la abundancia presente y amplía nuestra capacidad de recibir más. Al agradecer por las pequeñas conquistas financieras y por las oportunidades que surgen, enviamos al universo un mensaje de reconocimiento y apertura para nuevas posibilidades. Este sentimiento genuino de gratitud fortalece el flujo energético del dinero, transformándolo en un aliado en la realización de nuestros sueños.

La práctica de la visualización también desempeña un papel esencial en la construcción de una nueva realidad financiera. Imaginarse viviendo con abundancia, realizando sueños, invirtiendo con seguridad y contribuyendo para causas importantes crea una vibración alineada con la prosperidad. Este ejercicio mental, cuando se realiza con regularidad e intención, reprograma el subconsciente y atrae situaciones y oportunidades que resuenan con esta nueva frecuencia. La visualización, aliada a las frases del Ho'oponopono, potencializa la creación de un camino financiero más sólido y gratificante.

Además, el uso de afirmaciones positivas refuerza esta transformación interna. Frases como "Soy merecedor(a) de la prosperidad", "El dinero fluye hacia mí con facilidad y alegría" o "Administro mis finanzas con sabiduría" tienen el poder de sustituir pensamientos de escasez por ideas de abundancia. Repetir estas afirmaciones con convicción ayuda a disolver patrones limitantes y fortalece la confianza en la propia capacidad de atraer y mantener recursos financieros.

No obstante, atraer dinero es solo una parte del proceso. La gestión consciente de los recursos financieros es fundamental para mantener y expandir la prosperidad. Esto implica planificación, organización y elecciones responsables. Establecer metas claras, controlar gastos, ahorrar e invertir de forma estratégica son prácticas que sustentan el flujo continuo de abundancia. Cuando alineamos el cuidado con las finanzas a nuestra intención de prosperar, creamos una base sólida para el crecimiento sostenible.

Compartir la abundancia es otro aspecto esencial para mantener el flujo financiero activo. La generosidad, ya sea por medio de donaciones, apoyo a proyectos sociales o ayuda a personas cercanas, fortalece el ciclo de la prosperidad. Al contribuir con aquello que tenemos, reconocemos la interconexión entre todos los seres y colaboramos para la construcción de un mundo más equilibrado y justo. Este acto de compartir no solo beneficia a quien recibe, sino también amplía nuestra propia capacidad de atraer más, pues mantiene el flujo de dar y recibir en constante movimiento.

Entender que el dinero es una herramienta, y no un fin en sí mismo, nos permite utilizarlo de forma más consciente y alineada con nuestros valores. Debe ser visto como un recurso que potencializa nuestras realizaciones y amplía nuestro impacto positivo en el mundo. Cuando lo utilizamos para concretar sueños, apoyar causas significativas y proporcionar bienestar a nosotros mismos y a los otros, el dinero asume un papel transformador en nuestras vidas. Este uso consciente y equilibrado refuerza la armonía entre prosperidad material y realización personal.

Al aplicar el Ho'oponopono en la búsqueda por prosperidad financiera, somos invitados a reflexionar sobre cómo nuestros pensamientos y emociones moldean nuestra realidad económica. La limpieza de memorias negativas y el cultivo de sentimientos positivos como gratitud, amor y confianza crean una base energética favorable al crecimiento. Este proceso no solo mejora nuestra relación con el dinero, sino también nos conduce a decisiones más sabias y responsables, promoviendo una prosperidad sostenible y alineada con nuestros propósitos.

Esta cambio de mentalidad nos impulsa a actuar con más consciencia, eligiendo inversiones que resuenan con nuestros valores y evitando desperdicios. Esta nueva postura fortalece el ciclo de la abundancia, donde recibir y compartir se equilibran, creando un flujo constante de crecimiento personal y colectivo. La verdadera riqueza se manifiesta cuando prosperamos financieramente sin perder de vista lo que realmente importa: vivir con propósito, gratitud e integridad.

Al caminar con esta nueva visión sobre el dinero, comprendemos que prosperidad va más allá de acumular riquezas. Se trata de utilizar los recursos que tenemos de forma sabia y responsable, creando una vida plena y significativa. El equilibrio entre conquistar estabilidad financiera y mantener la conexión con nuestros valores más profundos es lo que nos conduce a una existencia armoniosa y realizada.

Así, el Ho'oponopono nos enseña que la prosperidad financiera es accesible a todos los que se disponen a limpiar creencias limitantes y a alinearse con la energía de la abundancia. Este camino nos conduce a una relación más leve y consciente con el dinero, donde cada elección financiera es guiada por la gratitud, la responsabilidad y el deseo genuino de contribuir positivamente al mundo. Al cultivar esta nueva percepción, creamos no solo estabilidad económica, sino también una vida más rica en significado, propósito y realización.

Al integrar el Ho'oponopono en la búsqueda por prosperidad financiera, desarrollamos una relación más leve y saludable con el dinero, reconociéndolo como una herramienta que potencializa nuestras realizaciones y amplía nuestro impacto positivo en el mundo. Esta práctica nos invita a liberar miedos e inseguridades, sustituyéndolos por pensamientos de confianza, gratitud y merecimiento. Al limpiar las memorias que alimentan la escasez, abrimos espacio para que nuevas oportunidades financieras surjan con naturalidad, permitiendo que la abundancia fluya de manera continua y sostenible en nuestras vidas.

Este cambio de perspectiva también nos incentiva a actuar con responsabilidad y consciencia, utilizando nuestros recursos de forma equilibrada y estratégica. Con una mentalidad alineada a la abundancia, pasamos a tomar decisiones financieras más sabias, invirtiendo en nuestros sueños y contribuyendo para causas que resuenan con nuestros valores. Esta postura fortalece el ciclo de la prosperidad, donde el acto de recibir y compartir se complementan, creando un flujo armonioso de crecimiento personal y colectivo.

Al caminar con esta nueva visión sobre el dinero, comprendemos que la verdadera riqueza está en vivir de acuerdo con nuestros propósitos, usufructuando de las conquistas materiales sin distanciarnos de la esencia. El equilibrio entre prosperar financieramente y mantener la conexión con nuestros valores más profundos nos conduce a una vida plena, donde cada elección es guiada por la consciencia, la gratitud y el deseo genuino de contribuir para un mundo más abundante y armonioso.

Capítulo 19
Purificación del Hogar

El hogar representa un espacio sagrado de acogida, equilibrio y renovación, donde cada detalle influye directamente en el bienestar físico, emocional y espiritual de quien lo habita. Más que paredes y objetos, lleva consigo la energía de las experiencias vividas, de las emociones compartidas y de las intenciones depositadas en cada ambiente. La armonía del hogar refleja el cuidado con el espacio y, principalmente, el equilibrio interior de sus moradores. Al reconocer la importancia de este ambiente, se vuelve esencial mantener su energía limpia y ligera, creando un refugio de paz que favorezca la salud emocional, mental y espiritual.

Cada habitación, objeto y rincón de la casa carga memorias y vibraciones que pueden impactar positiva o negativamente en la dinámica familiar y el estado emocional. Ambientes desorganizados o sobrecargados de objetos innecesarios acumulan no solo polvo, sino también energías estancadas que pueden generar incomodidad, cansancio e incluso conflictos. La purificación del hogar implica una conexión consciente con este espacio, promoviendo su limpieza física y energética. Este proceso permite que la energía vital circule libremente, creando un ambiente más ligero, inspirador y acogedor, que fortalece la conexión con la propia esencia y con aquellos que comparten el mismo espacio.

Cuidar del hogar con amor e intención es una práctica transformadora que va más allá de la organización y la estética. Se trata de nutrir el ambiente con gratitud, luz y armonía, permitiendo que se convierta en un verdadero refugio de serenidad y renovación. Pequeños gestos, como abrir las ventanas para permitir la entrada de aire fresco y luz natural, cultivar plantas que traen vida y purifican el aire, o utilizar aromas suaves que elevan la vibración del ambiente, contribuyen a crear un espacio equilibrado y energizado. Este cuidado consciente transforma el hogar en un lugar propicio para el descanso, la creatividad, la convivencia armoniosa y la manifestación de una vida plena y feliz.

Así como el cuerpo físico refleja nuestro estado emocional y mental, el hogar manifiesta directamente la calidad de nuestras emociones, pensamientos y experiencias. Cada ambiente de la casa guarda impresiones energéticas que pueden influenciar el humor, la salud e incluso las relaciones entre los moradores. Un espacio desorganizado, cargado de objetos sin propósito o descuidado en su limpieza, acumula no solo polvo, sino también energías estancadas. Esta acumulación crea una atmósfera densa que puede generar incomodidad, cansancio e incluso conflictos, afectando el equilibrio emocional y la armonía familiar. Por eso, la purificación del hogar se vuelve esencial, no solo como una práctica de limpieza física, sino como un verdadero ritual de renovación energética y espiritual.

El Ho'oponopono nos ofrece un enfoque profundo para esta purificación. La filosofía hawaiana, centrada en el perdón y la reconciliación, nos enseña que todo a nuestro alrededor es reflejo de lo que llevamos internamente. Así, al dirigir las frases "Lo siento. Perdóname. Te amo. Soy grato(a)." a los ambientes de nuestra casa, estamos limpiando no solo la energía del espacio físico, sino también las memorias emocionales asociadas a él. Cada habitación, objeto y rincón de la casa pasa a ser reconocido como parte integrante de nuestra historia y, por lo tanto, merece cuidado, respeto y amor. Este proceso consciente crea una atmósfera más ligera, inspiradora y acogedora.

La purificación comienza con la limpieza física. Organizar el espacio, eliminar objetos que ya no tienen utilidad y mantener la casa limpia son pasos esenciales para liberar el flujo energético. La acumulación de objetos sin propósito representa estancamiento, y al desapegarnos de lo que no sirve más, abrimos espacio para nuevas energías y oportunidades. Este desapego material se refleja directamente en lo emocional, aliviando el peso de memorias pasadas y permitiendo que la energía vital circule libremente por el ambiente.

La limpieza energética complementa este proceso. Además del Ho'oponopono, prácticas como el uso de inciensos, sahumerios o sprays de hierbas ayudan a disolver vibraciones densas. Dirigir las frases del Ho'oponopono a cada ambiente potencia la purificación, transformando el espacio en un refugio de paz. Visualizar una luz suave llenando cada habitación, mientras se repiten las palabras de cura, contribuye a la creación de un ambiente sereno y equilibrado. Esta práctica, hecha con regularidad, mantiene la vibración de la casa elevada y protegida de energías negativas.

Los elementos naturales también desempeñan un papel fundamental en la armonización del hogar. Las plantas, por ejemplo, son excelentes purificadoras naturales. Revitalizan el ambiente, traen vida, equilibran las energías y contribuyen a una sensación de frescura y vitalidad. Tener plantas en casa no solo mejora la calidad del aire, sino que también crea una conexión con la naturaleza, trayendo calma y serenidad al espacio. Cada hoja, cada flor, es un recordatorio de la importancia del ciclo de la vida y del cuidado constante.

La ventilación natural es otro aspecto crucial. Mantener las ventanas abiertas, permitiendo la entrada de aire fresco y luz solar, renueva las energías y disipa vibraciones estancadas. La luz del sol, con su energía vital, es un poderoso agente de purificación y renovación. Ilumina no solo el espacio físico, sino también el emocional, trayendo claridad, disposición y bienestar. La circulación de aire promueve la fluidez energética, creando una atmósfera ligera y acogedora.

La música es otra herramienta poderosa para elevar la vibración del ambiente. Sonidos suaves, mantras, músicas instrumentales o canciones que evocan sentimientos positivos tienen la capacidad de transformar la energía del espacio. La vibración sonora penetra en las paredes, en los objetos y en los cuerpos, disipando tensiones y trayendo armonía. Incorporar música en el día a día de la casa es una invitación para que la alegría, la calma y el amor se conviertan en presencias constantes en el hogar.

Los cristales también son aliados valiosos en la armonización del hogar. Cada cristal carga propiedades específicas que auxilian en la purificación y en el equilibrio energético. La amatista, por ejemplo, promueve paz y tranquilidad, mientras que la turmalina negra protege contra energías negativas. Posicionar cristales en puntos estratégicos de la casa potencia la protección y la armonía, creando un escudo energético que mantiene el ambiente ligero y seguro.

La práctica de la gratitud completa este proceso de purificación. Agradecer por el hogar, por cada habitación, por cada objeto que nos sirve en el día a día, es una forma de reconocer la importancia de este espacio en nuestra vida. La gratitud transforma la mirada sobre el ambiente, despertando el deseo de cuidar, preservar y valorar cada detalle. Cuando agradecemos, nutrimos el espacio con amor y reconocimiento, fortaleciendo la conexión con el hogar como un lugar sagrado.

Este cuidado consciente con el ambiente físico y energético del hogar se refleja directamente en las relaciones familiares y en la calidad de vida. Un espacio limpio y armonizado favorece el diálogo, la comprensión mutua y la convivencia pacífica. Los conflictos se disuelven con más facilidad en un ambiente donde reina la ligereza y la armonía. El hogar pasa a ser un verdadero santuario, donde cada integrante de la familia encuentra acogida, seguridad e inspiración para vivir con equilibrio.

Al reconocer el hogar como una extensión de nuestro mundo interior, comprendemos que cada gesto de cuidado reverbera positivamente en nuestra salud física, emocional y espiritual. Cuidar del espacio en que vivimos es, ante todo, cuidar de nosotros mismos. Este proceso de atención y cariño con el ambiente nos fortalece frente a los desafíos diarios, ofreciendo un refugio seguro para el descanso, la introspección y la renovación de energías.

Transformar el hogar en un espacio de equilibrio no exige grandes cambios, sino pequeñas acciones realizadas con intención. Abrir las ventanas todas las mañanas, encender un incienso al final del día, cuidar de las plantas, reorganizar un rincón de la casa o simplemente parar para agradecer por este espacio son actitudes que, sumadas, crean un ambiente de paz y prosperidad. Estas prácticas nos enseñan la importancia del presente, a valorar lo que tenemos y a cultivar la serenidad en las pequeñas cosas.

Cuando comprendemos que el ambiente a nuestro alrededor influye profundamente en nuestro estado interno, pasamos a ver el hogar con otros ojos. Cada habitación se convierte en un reflejo de nuestra jornada, un espacio de aprendizaje y cura. La casa deja de ser solo un abrigo físico y se transforma en un espacio sagrado, donde la energía de la paz, del amor y de la abundancia fluye libremente, nutriendo cuerpo, mente y espíritu.

Así, al integrar el Ho'oponopono y prácticas de purificación en el cuidado con el hogar, creamos un ambiente armonioso y revitalizante. Este espacio pasa a ser más que un lugar de descanso; se convierte en un verdadero templo de equilibrio, renovación y amor. Cada detalle, cada gesto de cuidado, fortalece este vínculo sagrado entre nosotros y nuestro hogar, permitiendo que la energía de la cura y de la serenidad se manifieste plenamente en nuestras vidas.

Al cuidar del hogar con intención y presencia, creamos un espacio donde la energía fluye de forma ligera y armoniosa, favoreciendo el bienestar de todos los que allí viven. Cada gesto de cuidado, desde la limpieza física hasta la purificación energética, refuerza el vínculo entre el ambiente y nuestra esencia. Así, el hogar deja de ser solo un lugar de descanso y se transforma en un verdadero santuario de equilibrio y renovación, capaz de fortalecernos frente a los desafíos diarios y de inspirarnos a vivir con más ligereza y gratitud.

Esta armonía cultivada en el ambiente se refleja directamente en las relaciones familiares y en las interacciones del día a día. Un hogar purificado y energizado se convierte en terreno fértil para el diálogo, la comprensión y la conexión emocional. Las prácticas del Ho'oponopono, cuando aplicadas con frecuencia, disuelven tensiones acumuladas y promueven un clima de paz y acogida. Este espacio seguro y amoroso nos permite expresar libremente quiénes somos, fortalecer vínculos afectivos y nutrir momentos de alegría y complicidad.

Al reconocernos el hogar como extensión de nuestro mundo interior, percibimos que cada detalle, por pequeño que sea, contribuye a la construcción de un ambiente de armonía y prosperidad. Esta consciencia nos invita a cuidar de nuestro espacio con amor, respeto y gratitud, creando un refugio donde la energía de la paz, de la abundancia y del amor pueda fluir libremente. Así, vivimos en un hogar que no solo nos alberga, sino que también nos acoge, nos inspira y nos cura, convirtiéndose en parte esencial de nuestra jornada de evolución y equilibrio.

Capítulo 20
Mensajes del Subconsciente

Los sueños revelan aspectos profundos de nuestra mente, funcionando como canales directos de comunicación del subconsciente. Exponen emociones, pensamientos y recuerdos ocultos, ofreciendo pistas valiosas sobre cuestiones internas que necesitan atención y sanación. En Ho'oponopono, estas señales oníricas son reconocidas como manifestaciones de memorias que necesitan ser limpiadas, conflictos no resueltos y aprendizajes necesarios. El análisis cuidadoso de estos mensajes permite acceder a información esencial para el autoconocimiento y para el proceso de transformación interior. Cada detalle simbólico o emocional presente en los sueños lleva un significado único, que puede orientar al individuo en su jornada de sanación y equilibrio emocional.

Al comprender los sueños bajo la óptica del Ho'oponopono, es posible percibir que no son meras manifestaciones aleatorias de la mente, sino reflejos directos de experiencias pasadas y emociones reprimidas. Estos contenidos emergen durante el sueño, cuando la mente consciente se aquieta y el subconsciente gana espacio para expresarse. Este proceso revela patrones de comportamiento, creencias limitantes y recuerdos dolorosos que influyen en las elecciones y actitudes diarias. Reconocer estas señales con claridad y disposición para interpretarlas abre caminos para una limpieza emocional profunda, permitiendo que los bloqueos internos sean disueltos con compasión y amor propio.

Integrar la práctica de observar e interpretar los sueños al proceso de limpieza del Ho'oponopono fortalece el vínculo con la sabiduría interior. Mantener un diario de sueños, reflexionar sobre símbolos recurrentes y aplicar las frases de purificación contribuyen a liberar emociones acumuladas y restaurar el equilibrio emocional. Este proceso continuo promueve el autoconocimiento y facilita la conexión con la esencia divina, permitiendo que cada experiencia onírica sea utilizada como herramienta de crecimiento y sanación. Así, los sueños se convierten en guías preciosos, orientando el camino para una vida más ligera, consciente y armoniosa.

Los sueños son portales silenciosos que nos conectan a las capas más profundas del subconsciente, revelando emociones, pensamientos y recuerdos que muchas veces permanecen ocultos durante el estado de vigilia. En este universo onírico, símbolos, metáforas y arquetipos emergen como lenguajes sutiles que reflejan nuestros conflictos internos, nuestras creencias limitantes y las memorias que necesitan ser comprendidas y sanadas. En el contexto del Ho'oponopono, estos sueños no son vistos como meras manifestaciones aleatorias de la mente, sino como señales claras de aspectos internos que requieren atención, amor y transmutación. Cada detalle, cada sensación vivenciada durante el sueño lleva un significado único, una invitación al autoconocimiento y a la liberación de bloqueos emocionales.

Cuando dormimos, la mente consciente se recoge y el subconsciente asume el control. Es en este momento que emociones reprimidas, traumas no resueltos y patrones de comportamiento profundamente enraizados tienen espacio para emerger, muchas veces por medio de símbolos que escapan a la lógica racional. Estas señales, por más confusas o inconexas que puedan parecer, son pistas valiosas de partes de nosotros que aún necesitan ser acogidas. Reconocer esta comunicación es esencial para que podamos iniciar un proceso de sanación. El Ho'oponopono nos orienta a ver estos fragmentos oníricos como reflejos de memorias que piden ser limpiadas, comprendidas y transformadas.

Mantener un diario de sueños es una práctica poderosa en este camino de autoconocimiento. Anotar inmediatamente, al despertar, todos los detalles y emociones sentidas en los sueños permite acceder a capas profundas de la mente subconsciente. No se trata solo de registrar imágenes o eventos, sino de sumergirse en las sensaciones que cada sueño provoca. Este ejercicio constante de observación crea un puente entre el consciente y el subconsciente, permitiendo que patrones ocultos se tornen más claros y comprensibles. El acto de escribir se convierte, entonces, en una forma de diálogo con partes internas olvidadas o descuidadas.

Además del registro, la observación atenta de los símbolos presentes en los sueños desempeña un papel fundamental en este proceso. Aunque algunos símbolos tienen significados universales, como el agua representando emociones o volar simbolizando libertad, el verdadero significado de cada imagen está profundamente ligado a la experiencia y a la percepción individual. Así, interpretar sueños requiere sensibilidad para percibir lo que cada símbolo representa personalmente. El Ho'oponopono invita a abordar esta interpretación con amor y compasión, sin juicios, reconociendo que cada elemento onírico tiene algo que enseñar o sanar.

Las emociones sentidas durante el sueño son aún más reveladoras que los propios símbolos. Miedo, alegría, ira o serenidad experimentados en este estado revelan estados emocionales que, muchas veces, no son plenamente reconocidos en el día a día. Observar estas emociones y relacionarlas con experiencias actuales o pasadas trae claridad sobre lo que necesita ser acogido y transformado. El Ho'oponopono, en este contexto, se convierte en una herramienta esencial. Al dirigir sus frases de purificación — "Lo siento. Perdóname. Te amo. Soy grato(a)." — para estas emociones y símbolos que emergen, se inicia el proceso de limpieza y liberación de estas memorias.

Establecer un diálogo directo con el subconsciente antes de dormir también es una práctica transformadora. Al acostarse, es posible hacer una intención clara: pedir al subconsciente que revele, por medio de los sueños, lo que necesita ser comprendido y sanado. Este pedido abre espacio para una comunicación más consciente y fluida con los contenidos internos. De la misma forma, al despertar, es posible agradecer por los mensajes recibidos, incluso si aún no son totalmente comprendidos, confiando en que, con el tiempo, la claridad surgirá.

La limpieza de memorias asociadas a los sueños es un paso delicado, pero profundamente liberador. Dirigir las frases del Ho'oponopono para los personajes, situaciones y sentimientos que surgen en los sueños es una manera de disolver energías densas y transformar patrones limitantes. Al repetir "Lo siento. Perdóname. Te amo. Soy grato(a)", estamos reconociendo que algo dentro de nosotros necesita ser sanado, asumiendo la responsabilidad por estos contenidos y permitiendo que la divinidad interior realice la transmutación de estas memorias.

Los sueños pueden también ser guías poderosos para decisiones y cambios en diversas áreas de la vida. Pueden alertar sobre comportamientos que necesitan ser ajustados, creencias que limitan el crecimiento o incluso sugerir caminos que favorezcan el desarrollo personal y espiritual. Cuando miramos a los sueños con atención y sabiduría, dejan de ser solo imágenes inconexas y se convierten en brújulas que nos orientan en dirección a la realización y al equilibrio.

Con el tiempo, esta práctica continua de observar, registrar, interpretar y limpiar memorias traídas por los sueños fortalece la conexión con la propia intuición. La confianza en la propia sabiduría interna se profundiza, y la sensibilidad para percibir matices emocionales se amplía. Los sueños pasan a ser reconocidos no solo como reflejos de cuestiones pasadas, sino como oportunidades de aprendizaje, crecimiento y renovación.

Esta integración entre el mundo onírico y la práctica consciente del Ho'oponopono conduce a un proceso continuo de sanación y transformación. Al acoger los mensajes de los sueños con compasión y aplicar la limpieza emocional propuesta por el Ho'oponopono, disolvemos suavemente bloqueos internos, permitiendo que la paz y el equilibrio se instalen de forma natural. Este proceso no exige prisa ni respuestas inmediatas, sino presencia, paciencia y apertura para escuchar lo que el alma tiene que decir.

A cada sueño comprendido y cada memoria limpia, el individuo avanza con más ligereza en su jornada. La claridad surge, y con ella viene la capacidad de lidiar con desafíos diarios de forma más serena y consciente. La armonía entre el mundo interno y el externo se fortalece, creando un estado de equilibrio que reverbera positivamente en todas las áreas de la vida.

Así, al reconocer los sueños como aliados en el proceso de autoconocimiento, cada experiencia nocturna se transforma en una oportunidad de sanación y crecimiento. El Ho'oponopono, al ser integrado a esta práctica, promueve una profunda liberación emocional, permitiendo que la vida fluya con más ligereza, claridad y propósito. De esta forma, seguimos en nuestra jornada más conectados con nuestra esencia, guiados por una sabiduría interna que nos orienta con amor y compasión rumbo a la plenitud.

Esta jornada de autodescubrimiento por medio de los sueños se revela como una invitación constante a la reconciliación interna. Cada símbolo desvelado y cada emoción comprendida se convierten en piezas fundamentales en el proceso de sanación, permitiendo que las memorias sean suavemente transmutadas. Al aplicar las prácticas del Ho'oponopono en este contexto, se crea un espacio seguro para acoger sentimientos reprimidos y disolver bloqueos emocionales, promoviendo una armonía que reverbera en todos los aspectos de la vida.

Con el tiempo, esta integración entre el mundo onírico y la práctica consciente de la limpieza emocional fortalece la confianza en la propia intuición. Los sueños pasan a ser reconocidos no solo como reflejos del pasado, sino como mensajes sabios que indican nuevas posibilidades de crecimiento. Este diálogo constante con el subconsciente desarrolla una percepción más aguda de las necesidades internas y despierta una sensibilidad para lidiar con desafíos diarios de manera más ligera y compasiva.

Así, al abrazar los sueños como aliados en el camino del autoconocimiento, cada experiencia nocturna se transforma en una oportunidad de renovación. La práctica continua del Ho'oponopono ante estos mensajes sutiles promueve una profunda liberación interior, permitiendo que la paz y el equilibrio se instalen de forma natural. De esta forma, el individuo avanza en su jornada con más claridad y serenidad, alineado con su esencia y abierto a las infinitas posibilidades de sanación y transformación.

Capítulo 21
Envejeciendo con Sabiduría y Serenidad

El envejecimiento representa una etapa valiosa de la existencia, repleta de oportunidades para profundizar la conexión consigo mismo y con el mundo a su alrededor. Lejos de ser un período de pérdida, esta fase ofrece la oportunidad de cultivar una sabiduría más profunda, resignificar experiencias pasadas y vivir con más ligereza y autenticidad. A medida que el cuerpo pasa por transformaciones naturales, la mente y el espíritu pueden florecer, permitiendo que cada individuo reconozca la importancia de cuidar no solo de la salud física, sino también del equilibrio emocional y espiritual. El Ho'oponopono surge como una práctica poderosa para atravesar esta jornada con serenidad, promoviendo el autoconocimiento, la aceptación y la gratitud por cada experiencia vivida.

Abrazar el proceso de envejecer con sabiduría exige un cambio de perspectiva, alejándose de la visión negativa muchas veces impuesta por la sociedad y reconociendo el valor de las vivencias acumuladas a lo largo del tiempo. Este período de la vida proporciona la oportunidad de fortalecer la resiliencia interior y de transformar desafíos en oportunidades de crecimiento. Prácticas de autocuidado y de reflexión, como el

Ho'oponopono, incentivan a liberar creencias limitantes y a cultivar una relación armoniosa con el propio cuerpo y mente. Así, cada momento es vivido con más significado, permitiendo que la madurez se transforme en un estado de plenitud y paz.

Al comprender el envejecimiento como un ciclo natural y enriquecedor, se abre espacio para una vivencia más consciente e intencional. La experiencia acumulada se convierte en una fuente inagotable de aprendizaje e inspiración, no solo para sí mismo, sino también para las futuras generaciones. Vivir esta fase con propósito y entusiasmo significa valorar cada conquista, nutrir relaciones significativas y mantener viva la búsqueda de nuevos conocimientos. De esta forma, la madurez se revela como un período de expansión interior, donde la serenidad y la sabiduría guían cada paso con confianza y gratitud.

Envejecimiento: Una Nueva Fase de la Jornada: El envejecimiento es un proceso natural e inevitable, marcado por cambios físicos, mentales y emocionales. La sociedad occidental, con su énfasis en la juventud y la belleza exterior, muchas veces asocia el envejecimiento a la decadencia y la pérdida. Sin embargo, el Ho'oponopono nos invita a resignificar esta percepción, reconociendo el envejecimiento como una oportunidad de crecimiento, sabiduría y autoconocimiento.

Envejecer con salud y vitalidad es un deseo profundo de muchos, pero no siempre comprendido en su totalidad. El Ho'oponopono surge como una invitación a cuidar no solo del cuerpo físico, sino también de la mente y del espíritu, proporcionando equilibrio en todas las dimensiones de la existencia. Aceptar el envejecimiento como parte natural de la vida es el primer paso para transitar esta jornada con ligereza. Cuando se reconoce que las transformaciones físicas son inevitables, pero no definen la totalidad del ser, se abre espacio para una aceptación genuina. Esta aceptación disuelve la resistencia interna y libera al individuo del sufrimiento causado por expectativas irreales, permitiendo que la paz interior se establezca de forma natural.

La gratitud se convierte, entonces, en un pilar esencial en este camino. Valorar cada fase vivida, cada experiencia acumulada y cada aprendizaje conquistado transforma la forma como se percibe el pasar de los años. Este reconocimiento de la abundancia que permea la vida genera una conexión profunda con el presente y trae consigo una alegría serena. Momentos simples pasan a tener más valor, y las relaciones se vuelven más auténticas. La gratitud no solo calienta el corazón, sino que también vitaliza el cuerpo, promoviendo una sensación de bienestar continua.

El autocuidado se manifiesta como una expresión concreta de este amor por sí mismo. Adoptar prácticas que favorezcan la salud física, como una alimentación equilibrada, ejercicios regulares y el descanso adecuado, es esencial. Sin embargo, cuidar de la mente y de las emociones es igualmente importante. Reservar momentos para relajar, meditar y reflexionar fortalece el equilibrio interno y prepara el cuerpo para envejecer con dignidad. Este cuidado integral es una forma de honrar el propio cuerpo, reconociéndolo como el templo que sustenta todas las experiencias de la vida.

Dentro de este proceso, la limpieza de memorias desempeña un papel transformador. Las cuatro frases del Ho'oponopono — "Lo siento. Perdóname. Te amo. Soy grato." — actúan como herramientas poderosas para liberar al individuo de creencias limitantes que rodean el envejecimiento. Miedos profundamente arraigados, como el temor a enfermar, a perder autonomía o a enfrentar la soledad, pueden ser suavizados cuando se aplican conscientemente estas frases a las memorias que los sustentan. Este proceso de purificación interna abre camino para una nueva perspectiva sobre la vejez, permitiendo que sea vista como un tiempo de plenitud y no de declive.

La visualización positiva también contribuye a moldear una experiencia más saludable del envejecer. Imaginarse viviendo con salud, alegría y energía renueva la motivación diaria. Visualizarse participando activamente de la vida, rodeado de amor y sabiduría, refuerza la creencia de que es posible vivir bien en cualquier edad. Esta práctica fortalece la mente, estimula la esperanza y orienta las acciones diarias en dirección a elecciones que favorezcan el bienestar.

Además, la conexión con la sabiduría interior se convierte en una fuente inagotable de confort y orientación. Con el pasar de los años, el bagaje de experiencias vividas se transforma en un verdadero tesoro. Reconocer y valorar esta sabiduría acumulada permite no solo enfrentar desafíos con más confianza, sino también compartir este conocimiento con las generaciones más jóvenes. Este gesto de transmisión de saber no solo fortalece lazos familiares y comunitarios, como también perpetua enseñanzas que pueden impactar positivamente la vida de muchos.

Envejecer con propósito es una propuesta que transciende el simple pasar del tiempo. El Ho'oponopono invita a mirar para cada fase de la vida con gratitud y entusiasmo, reconociendo el valor único de cada etapa. No se trata de luchar contra el tiempo, sino de abrazarlo, aprovechando las oportunidades que ofrece para crecer, aprender y contribuir. Continuar aprendiendo, desarrollando nuevas habilidades y compartiendo experiencias enriquece la jornada y mantiene viva la llama de la curiosidad y de la pasión por la vida.

Esta perspectiva de propósito se refleja en las pequeñas y grandes acciones diarias. Buscar nuevas experiencias, mantenerse abierto a cambios y cultivar relaciones saludables son maneras de nutrir el espíritu. Participar activamente de la comunidad, involucrarse en causas sociales o simplemente estar presente para escuchar y aconsejar hacen del envejecimiento una fase de gran contribución para el mundo. Es en este continuo aprendizaje y compartir que se encuentra el verdadero significado de envejecer con propósito.

Celebrar la vida en todas sus etapas es otra lección valiosa que el Ho'oponopono enseña. Cada fase — infancia, juventud, vida adulta y vejez — posee su propia belleza y desafíos. Reconocer y honrar cada una de estas fases como partes esenciales de una historia rica y única permite vivir con más plenitud. La vejez, entonces, deja de ser vista como un fin y pasa a ser comprendida como una expansión de la existencia, un período donde se puede cosechar los frutos de lo que fue sembrado a lo largo de la vida.

Esta celebración continua de la vida se traduce en una aceptación amorosa de cada memoria, cada cambio y cada emoción. Al practicar el Ho'oponopono, se crea un espacio interno de serenidad, donde las expectativas irreales son disueltas y sustituidas por una comprensión compasiva de sí mismo y del ciclo natural de la vida. Este estado de presencia plena proporciona una ligereza que hace el envejecimiento más fluido y natural.

Compartir la sabiduría adquirida a lo largo de los años no es solo un acto de generosidad, sino una poderosa forma de conexión con las próximas generaciones. Cuando experiencias y aprendizajes son transmitidos con amor, tienen el poder de inspirar, orientar y fortalecer a aquellos que están comenzando a recorrer sus propios caminos. Este flujo continuo de aprendizaje crea redes de apoyo que benefician tanto a quien enseña como a quien aprende, tejiendo una trama de afecto y solidaridad.

Con esta visión más amplia y acogedora, el envejecimiento se revela como un período repleto de significado y propósito. La práctica constante del Ho'oponopono fortalece la paz interior, profundiza la gratitud y trae ligereza a la jornada, permitiendo que cada momento sea vivido con plenitud. Así, la madurez se transforma en un campo fértil para la renovación interior, donde la serenidad conduce cada paso y la sabiduría ilumina el camino. En este flujo armonioso de aceptación y amor, la vida se desdobla en su totalidad, rica en armonía y profundamente conectada con lo que realmente importa.

Esta celebración continua de la vida permite que el envejecimiento sea visto como una expansión de la propia existencia, donde cada experiencia vivida se transforma en una base sólida para nuevas descubiertas. Al practicar el Ho'oponopono, el individuo aprende a acoger con amor cada memoria, cada cambio y cada emoción, creando un espacio interno de aceptación y serenidad. Este estado de presencia plena facilita el desapego de expectativas irreales y promueve una comprensión más compasiva sobre sí mismo y sobre el ciclo natural de la vida.

Compartir la sabiduría adquirida a lo largo de los años también se convierte en una poderosa forma de conexión con las próximas generaciones. El conocimiento transmitido con amor y generosidad inspira y orienta a aquellos que están iniciando sus propias jornadas. Este flujo de aprendizaje continuo fortalece lazos familiares y comunitarios, creando redes de apoyo que nutren tanto a quien enseña como a quien aprende. Así, envejecer no es solo un proceso individual, sino una oportunidad de contribuir para el crecimiento colectivo.

Con esta perspectiva más amplia y acogedora, el envejecimiento se revela como una fase repleta de significado y propósito. Al integrar el Ho'oponopono en la rutina diaria, se cultivan paz, gratitud y ligereza, permitiendo que cada momento sea vivido con plenitud. De esta forma, la madurez se convierte en un espacio fértil para la renovación interior, donde la serenidad guía cada paso y la sabiduría ilumina el camino, conduciendo a una vida rica en armonía y amor.

Capítulo 22
Encontrando Alivio y Curación

El dolor, en sus múltiples formas, surge como una señal clara de que algo en nuestro cuerpo o en nuestra mente requiere atención y cuidado. Esta experiencia, aunque desafiante, lleva consigo la posibilidad de curación y transformación profunda. Encarar el dolor con consciencia permite identificar sus raíces y comprender que no necesita ser una carga permanente, sino un punto de partida para el autoconocimiento y la superación. El Ho'oponopono ofrece un camino eficaz para lidiar con este sufrimiento, promoviendo la liberación de memorias y creencias que intensifican el dolor y abriendo espacio para el alivio y el equilibrio interior. Al reconocer el dolor como parte natural de la existencia, es posible desarrollar una relación más compasiva consigo mismo, acogiendo las emociones y sensaciones sin resistencia. Este proceso envuelve no apenas aceptar la vulnerabilidad, sino también buscar la comprensión de las causas internas que alimentan la incomodidad. Por medio de la práctica constante del Ho'oponopono, se vuelve viable disolver patrones limitantes, suavizar el impacto de las experiencias dolorosas y permitir que la energía de la curación fluya libremente. Esta aproximación trae alivio y fortalece la capacidad de enfrentar los desafíos con serenidad y confianza. La jornada para la curación exige apertura y disposición para transformar el dolor en aprendizaje. Al adoptar prácticas como la aceptación, la compasión y la limpieza de memorias, se crea un ambiente interno favorable para la recuperación emocional y física. El Ho'oponopono incentiva la práctica del perdón y de la gratitud, elementos esenciales para aliviar el sufrimiento y restaurar la armonía. Este proceso no apenas ameniza el dolor, sino que también conduce a un estado de paz duradero, donde cada experiencia contribuye para la evolución personal y el bienestar pleno. El dolor, en sus diversas manifestaciones, surge como una mensajera silenciosa, un recordatorio de que hay aspectos internos que claman por atención y cuidado. No debe ser visto solo como una molestia a ser eliminada, sino como una oportunidad valiosa para mirar dentro de sí y comprender lo que necesita ser curado. El dolor físico puede apuntar para desequilibrios en el cuerpo, mientras que el dolor emocional frecuentemente revela heridas antiguas, creencias limitantes o relaciones inarmónicas que permanecen sin resolución. El Ho'oponopono nos invita a no ignorar o reprimir estos dolores, sino a acogerlos con compasión y comprensión. Al investigar su origen, se vuelve posible identificar memorias y patrones que alimentan el sufrimiento, permitiendo que sean liberados, abriendo camino para la verdadera curación. En este proceso, la aceptación desempeña un papel fundamental. Enfrentar el dolor con coraje y serenidad, sin resistencia o juicio, es el primer paso para disolver el sufrimiento. La aceptación no significa resignación, sino la disposición de reconocer el dolor como parte de la experiencia humana. Este reconocimiento abre espacio para el alivio y para la transformación interior. Cuando dejamos de luchar contra el dolor, damos inicio a una jornada de curación más leve y consciente. La compasión por sí mismo también se vuelve esencial en este camino. Muchas veces, somos duros con nosotros mismos ante las dificultades, exigiendo fuerza donde sería más necesario ofrecer cuidado. Cultivar la compasión es permitirse ser vulnerable, acogerse con amor y respetar el propio tiempo de curación. Esta mirada amorosa suaviza el dolor y fortalece el espíritu, tornando el proceso de superación más gentil y eficaz. La práctica del Ho'oponopono se revela especialmente poderosa en este contexto. Sus cuatro frases — "Lo siento. Perdóname. Te amo. Soy grato." — funcionan como llaves para desbloquear emociones reprimidas y disolver memorias que alimentan el dolor. Al dirigir estas palabras con intención para el propio dolor, para las experiencias que lo desencadenaron o para los sentimientos que lo acompañan, se inicia un proceso de limpieza interna. Este acto simbólico y profundo permite que antiguas heridas y creencias limitantes sean liberadas, creando un espacio interno más leve y propicio para la curación. Visualizar el dolor disipándose también es una práctica eficaz. Imaginar el dolor transformándose en luz, siendo disuelto y sustituido por sensaciones de paz y bienestar, refuerza el poder de la mente sobre el cuerpo. Esta visualización activa el flujo de energía positiva, contribuyendo para el alivio y renovando la esperanza de que la curación es posible. La energía de la curación se esparce, envolviendo cuerpo y mente, y restaura el equilibrio necesario para seguir adelante. La respiración consciente surge como una herramienta simple, pero poderosa, para aliviar el sufrimiento. Al respirar de forma lenta y profunda, la mente se calma y el cuerpo se relaja. Este estado de serenidad reduce la tensión que muchas veces intensifica el dolor y permite que la energía vital circule libremente. Cada respiración consciente es una invitación para retornar al presente y encontrar un punto de equilibrio en medio de la incomodidad. Incluso en momentos de dolor, la gratitud puede ser cultivada. Encontrar razones para agradecer, incluso ante el sufrimiento, puede parecer desafiante, pero este ejercicio transforma la perspectiva. La gratitud nos conecta con la abundancia de la vida y fortalece nuestra resiliencia. Reconocer pequeños momentos de alivio, el apoyo de personas queridas o la simple capacidad de respirar puede traer confort y renovar la esperanza. Cuando se trata del dolor físico, el Ho'oponopono puede actuar como un complemento valioso a los tratamientos médicos convencionales. Al limpiar memorias y creencias relacionadas a enfermedades o lesiones, contribuimos para un proceso de recuperación más armonioso. No obstante, es esencial buscar orientación médica adecuada para diagnosticar y tratar las causas físicas del dolor. El Ho'oponopono, en este contexto, auxilia en la dimensión emocional y energética de la curación, ofreciendo soporte al tratamiento tradicional. El dolor emocional, por su parte, muchas veces es más complejo y silencioso. Sentimientos de tristeza, rabia, miedo o ansiedad pueden enraizarse profundamente, volviéndose difíciles de comprender y superar. La práctica del Ho'oponopono invita a mirar para estas emociones con compasión, reconociéndolas como oportunidades de autoconocimiento. Al limpiar memorias que sustentan estas emociones, abrimos camino para liberar dolores emocionales reprimidos y curar heridas del pasado. Este proceso no apenas alivia el peso emocional, sino que también promueve una sensación de ligereza y libertad. Trascender el dolor es más que superarlo — es transformarlo en aprendizaje y crecimiento. El Ho'oponopono enseña que el dolor, por más incómodo que sea, puede convertirse en un maestro, guiándonos para una comprensión más profunda de nosotros mismos. Este camino no exige prisa, sino paciencia y entrega. La curación no sigue una línea recta; hay avances y retrocesos, momentos de alivio y de introspección. Respetar este ritmo natural es fundamental para integrar los cambios de forma duradera. Al recorrer este camino con consciencia, el dolor deja de ser un obstáculo y pasa a ser un portal para el autoconocimiento. El sufrimiento se transforma en oportunidad, y cada desafío vencido fortalece la confianza en la propia capacidad de superación. La práctica constante del Ho'oponopono permite disolver las capas de dolor acumuladas a lo largo del tiempo, sustituyéndolas por sentimientos de amor, gratitud y paz. Este estado de armonía interior no significa ausencia total de dolor, sino la presencia de una serenidad que suaviza cualquier incomodidad. En este proceso, el amor propio se revela como la base de la transformación. Al nutrir este amor por sí mismo, se crea un ambiente interno donde la curación puede florecer naturalmente. El dolor pierde su fuerza cuando es acogido con comprensión y disuelto con gentileza. Así, la jornada de curación se transforma en un camino de renovación y crecimiento, donde cada paso es guiado por la sabiduría interna. Al alcanzar este estado de plenitud, se comprende que la verdadera curación no es solo la eliminación del dolor, sino la integración de todas las experiencias vividas. La curación es la presencia plena de amor, gratitud y equilibrio. Es vivir con ligereza y propósito, reconociendo que cada desafío superado moldea un ser más resiliente y consciente. Con el Ho'oponopono como aliado, el dolor se disuelve, y un nuevo capítulo de paz y renovación se inicia, conduciendo a una vida más auténtica y armoniosa. Este proceso de trascendencia no significa negar o minimizar el dolor, sino integrarlo como parte esencial de la jornada. Cada incomodidad lleva en sí un mensaje valioso, y al escuchar atentamente estas señales, podemos dirigir nuestras acciones para la curación verdadera. El Ho'oponopono actúa como un puente entre el dolor y la sabiduría, guiándonos con suavidad para liberar lo que ya no nos sirve y acoger nuevas perspectivas de equilibrio y bienestar. Este camino es una invitación para confiar en la propia capacidad de regeneración y permitir que el amor propio sea la base para la transformación. A medida que nos profundizamos en esta práctica, percibimos que la curación no ocurre de forma lineal. Hay momentos de avance y de pausa, ambos igualmente importantes. Respetar este ritmo es esencial para consolidar cambios duraderos. El Ho'oponopono nos recuerda de ser pacientes con nosotros mismos, comprendiendo que cada paso dado en dirección al alivio del dolor contribuye para la construcción de un estado de serenidad interior. Así, la jornada de curación se torna más leve y consciente, permitiendo que la paz florezca gradualmente. Con esta comprensión ampliada, el dolor deja de ser un obstáculo y pasa a ser un portal para el autoconocimiento. Al practicar el Ho'oponopono con sinceridad y constancia, abrimos espacio para que la armonía se establezca en todas las áreas de la vida. La curación, entonces, no es solo la ausencia de sufrimiento, sino la presencia plena de amor, gratitud y equilibrio. En este estado de plenitud, somos capaces de acoger la vida con más ligereza y propósito, cerrando el ciclo del dolor e iniciando un nuevo capítulo de paz y renovación.

Capítulo 23
Transformando la Energía del Fuego

La ira se manifiesta como una fuerza intensa e instintiva, capaz de despertar reacciones profundas e inmediatas. Esta energía, cuando es comprendida y dirigida de forma consciente, se revela como un recurso valioso para el crecimiento personal y la transformación interior. En el contexto del Ho'oponopono, esta emoción no es considerada un obstáculo a ser evitado, sino una expresión legítima de la experiencia humana que carga consigo un mensaje importante. Reconocer la ira como una oportunidad de autoconocimiento y cura permite que sea utilizada de manera constructiva, abriendo espacio para cambios significativos en la forma en que nos relacionamos con nosotros mismos y con los demás.

Comprender la ira envuelve percibir que surge como una alerta ante situaciones que amenazan nuestros valores, límites o expectativas. Esta percepción nos invita a reflexionar sobre los orígenes de esta emoción, identificando memorias y creencias que pueden estar enraizadas en experiencias pasadas. Al acoger la ira sin juicio, se hace posible acceder a capas más profundas de la conciencia, donde están almacenados patrones emocionales que influencian nuestras reacciones. Así, el Ho'oponopono surge como una práctica eficaz para disolver esos bloqueos, favoreciendo la liberación de resentimientos y la restauración del equilibrio emocional.

Canalizar la ira de forma positiva demanda coraje y presencia. Cuando esta energía es transformada, impulsa acciones asertivas, fomenta la búsqueda por soluciones y fortalece la capacidad de establecer límites saludables. Este proceso no significa suprimir o negar la ira, sino permitir que sea sentida, comprendida y transmutada en fuerza creativa. A partir de esta perspectiva, la ira deja de ser una llama descontrolada y pasa a ser un fuego que ilumina el camino para la autoconciencia, la responsabilidad emocional y la construcción de relaciones más auténticas y armoniosas.

La ira, muchas veces encarada como una emoción negativa e indeseada, es, en verdad, una expresión legítima y poderosa de la experiencia humana. Surge como una alarma emocional, señalizando que nuestros límites fueron sobrepasados, nuestros valores fueron irrespetados o nuestras expectativas fueron frustradas. Este fuego interno, cuando es comprendido y acogido con conciencia, tiene el potencial de transformarse en una fuerza creativa y transformadora. En el contexto del Ho'oponopono, la ira no es vista como algo a ser reprimido o negado, sino como una oportunidad de autoconocimiento y cura. Es a través de esta mirada más profunda que podemos utilizar esta energía intensa de forma constructiva, dirigiéndola para la creación de cambios positivos y el fortalecimiento del equilibrio emocional.

Comprender la naturaleza de la ira exige una aproximación cuidadosa y consciente. Esta emoción no surge sin razón; es resultado de gatillos internos y externos que muchas veces están enraizados en memorias pasadas y creencias limitantes. Cuando identificamos esos gatillos, podemos percibir que muchas reacciones de ira no están relacionadas solo al presente, sino que son ecos de experiencias no resueltas. El Ho'oponopono ofrece una práctica profunda para acceder a esas capas ocultas de la mente, permitiendo que patrones emocionales antiguos sean disueltos. Al acoger la ira sin juicio, nos tornamos capaces de reconocer sus raíces e iniciar el proceso de limpieza y liberación de esas memorias que nos aprisionan.

Transformar la energía de la ira en algo positivo exige coraje para mirar hacia dentro y responsabilidad para actuar con conciencia. Este proceso comienza con la observación atenta de esta emoción. Cuando la ira surge, es fundamental pausar y reflexionar: ¿Qué exactamente despertó esta sensación? ¿Cuáles pensamientos la acompañan? ¿Cómo se manifiesta físicamente en mi cuerpo? Este ejercicio de autopercepción nos aleja de las reacciones automáticas y nos aproxima de una comprensión más clara de lo que realmente está sucediendo dentro de nosotros. A partir de esta claridad, podemos decidir conscientemente cómo lidiar con esta energía de forma saludable.

Asumir la responsabilidad por la propia ira no es un acto de culpa, sino de empoderamiento. Reconocer que somos los creadores de nuestras respuestas emocionales nos devuelve el poder de elegir cómo reaccionar ante las situaciones que nos desafían. Esto no significa aceptar comportamientos irrespetuosos o injusticias, sino comprender que podemos elegir la forma más asertiva y respetuosa de expresar nuestros sentimientos y establecer límites. El Ho'oponopono nos recuerda que tenemos el poder de transformar la ira, y no de ser controlados por ella.

La práctica de las cuatro frases del Ho'oponopono — "Lo siento. Perdóname. Te amo. Soy grato." — es una herramienta poderosa para iniciar esta transformación. Al dirigir estas palabras para las situaciones que provocaron la ira, para las personas involucradas o incluso para nosotros mismos, comenzamos a limpiar las memorias y emociones negativas que alimentan este sentimiento. Este proceso no borra lo que aconteció, pero libera el peso emocional asociado, permitiéndonos actuar con más claridad y serenidad.

Expresar la ira de forma saludable es otro paso esencial en esta jornada. En vez de reprimirla o explotarla de manera descontrolada, podemos canalizarla por medio de diálogos asertivos, actividades físicas o prácticas creativas, como la escritura o el arte. Estas formas de expresión no solo liberan la energía acumulada, sino que también crean oportunidades para resolver conflictos de manera constructiva. La ira, cuando es expresada con respeto y conciencia, puede transformarse en un puente para el entendimiento y la resolución de problemas.

La compasión es una aliada poderosa en este proceso. Cultivar compasión por sí mismo nos permite comprender que sentir ira no nos torna personas malas o débiles, sino humanas. De la misma forma, extender esta compasión a los demás nos ayuda a ver más allá de las acciones que nos hirieron. Muchas veces, aquellos que nos causan dolor también están lidiando con sus propias batallas internas. Esta comprensión no justifica comportamientos perjudiciales, pero disuelve el resentimiento y abre espacio para el perdón. El perdón, en este contexto, es un acto de liberación — no para el otro, sino para nosotros mismos. Liberar la ira es un regalo que damos a nuestro propio corazón, permitiéndole que se cure y siga en paz.

Transformar la energía del fuego que la ira representa es como aprender a domar una llama intensa. No se trata de apagarla, sino de usarla para iluminar nuestros caminos y calentar nuestras intenciones. Cuando es canalizada de forma consciente, esta energía impulsa cambios, nos motiva a actuar y a defender nuestros derechos con respeto y firmeza. El Ho'oponopono nos enseña a transmutar esta fuerza en algo constructivo, ayudándonos a buscar soluciones y a construir relaciones más justas y armoniosas.

Con la práctica continua del Ho'oponopono, cultivamos una paz interior que nos permite lidiar con la ira de manera más equilibrada. Observar esta emoción con conciencia, asumir responsabilidad por nuestras reacciones y limpiar las memórias que la alimentan son pasos fundamentales para encontrar serenidad incluso en los momentos más desafiantes. Este camino de autotransformación nos enseña que la ira puede ser una aliada poderosa cuando es comprendida y dirigida con sabiduría.

Este proceso, sin embargo, es continuo y exige paciencia. La transformación de la ira no ocurre de forma inmediata, sino que se da poco a poco, a medida que desarrollamos una relación más consciente con nuestras emociones. Cada situación desafiante se torna una oportunidad de aprendizaje y crecimiento. En vez de reaccionar impulsivamente, pasamos a actuar con propósito, estableciendo límites saludables y expresando nuestras necesidades de forma clara y respetuosa.

Así, la ira deja de ser vista como un obstáculo y pasa a ser reconocida como una fuerza que puede impulsar cambios positivos. Cuando escogemos acoger y transmutar esta emoción con conciencia, abrimos espacio para una vida más leve y plena. La energía antes consumida por resentimientos y reacciones desmedidas es transformada en combustible para la evolución personal y la construcción de relaciones más auténticas y armoniosas.

De este modo, transformar la energía del fuego no significa sofocarla, sino permitir que ilumine y caliente nuestro camino. Al practicar el Ho'oponopono con sinceridad, encontramos una nueva forma de lidiar con la ira — no como enemiga, sino como una aliada que, cuando es comprendida, nos guía para una vida más equilibrada y consciente. En este proceso de transmutación, cultivamos serenidad, fortalecemos nuestros vínculos y construimos un camino donde la paz interior y la claridad emocional se tornan pilares para una existencia más auténtica y plena.

Este camino de autocomprensión y transformación no se construye de la noche a la mañana, sino que exige práctica constante y paciencia. Al percibir que la ira es solo una capa superficial de emociones más profundas, somos invitados a sumergirnos en las raíces de esos sentimientos y disolver patrones antiguos que ya no sirven a nuestro crecimiento. El Ho'oponopono se torna, así, una herramienta poderosa para esta jornada, permitiendo que la energía antes consumida por la ira sea dirigida para la creación de experiencias más positivas y conscientes.

Con el tiempo, esta práctica nos enseña que cada emoción tiene su propósito y que incluso la ira puede ser una aliada cuando es comprendida e integrada. En vez de reaccionar de forma impulsiva, aprendemos a actuar con claridad y propósito, reconociendo nuestros límites y expresando nuestras necesidades con respeto. Este equilibrio entre sentir y actuar fortalece no solo la relación con nosotros mismos, sino también con aquellos a nuestro alrededor, promoviendo interacciones más auténticas y armoniosas.

De esta forma, transformar la energía del fuego no significa extinguirla, sino utilizarla para iluminar nuestros caminos y alimentar la llama del cambio positivo. Cuando escogemos acoger y transmutar la ira con conciencia y amor, abrimos espacio para una vida más leve y plena, donde cada desafío es visto como una oportunidad de evolución. Así, seguimos adelante, con el corazón más sereno y la mente más clara, listos para construir relaciones basadas en la comprensión, en el respeto y en la verdadera paz interior.

Capítulo 24
Liberando el Miedo

El miedo surge como una respuesta natural del ser humano ante situaciones que representan amenaza o incertidumbre, desempeñando un papel crucial en la auto preservación. Sin embargo, cuando sobrepasa los límites del equilibrio y se transforma en un sentimiento persistente y desproporcionado, puede limitar elecciones, bloquear oportunidades e impedir el crecimiento personal. Esta emoción, cuando no es comprendida, se instala como una barrera invisible que restringe el potencial de realización y plenitud. Reconocer el miedo como un reflejo de experiencias pasadas y creencias arraigadas permite verlo bajo una nueva perspectiva, no como un obstáculo insuperable, sino como una oportunidad de transformación interior.

Profundizar en el origen del miedo es fundamental para disolver sus raíces. Muchas veces, se manifiesta de forma sutil, enmascarándose como inseguridad, procrastinación o autosabotaje. Esta emoción puede haber sido alimentada por memorias antiguas, traumas no resueltos o influencias externas que consolidaron patrones de limitación. Al traer a la luz estas capas ocultas, se vuelve posible cuestionar la veracidad de estas percepciones e iniciar un proceso de sanación emocional. Este movimiento interno de investigación permite resignificar el miedo, acogiéndolo con comprensión y direccionando su energía para el fortalecimiento personal.

Transformar el miedo en coraje exige disposición para enfrentar la incomodidad y romper con ciclos automáticos de evasión. Este proceso involucra desarrollar la autoconfianza, reconociendo la propia capacidad de superar desafíos y construir nuevos caminos. Cada pequeña acción tomada en dirección al enfrentamiento del miedo refuerza la confianza interna y abre espacio para nuevas posibilidades. Así, la emoción que antes paralizaba pasa a ser un impulso para el autodesarrollo, liberando la mente y el corazón para vivir de forma auténtica y plena.

El miedo, en su esencia, es una emoción profundamente arraigada en la naturaleza humana, proyectada para proteger y preservar la vida. Actúa como una señal de alerta ante situaciones que representan peligro o incertidumbre, despertando atención y cautela. No obstante, cuando este mecanismo de defensa se intensifica de forma desproporcionada, deja de cumplir su papel protector y pasa a limitar elecciones, bloquear oportunidades y restringir el crecimiento personal. En esos momentos, el miedo se transforma en una prisión invisible, alimentada por experiencias pasadas, traumas no resueltos y creencias limitantes que, silenciosamente, conducen nuestras decisiones y comportamientos.

Reconocer el miedo no como un enemigo, sino como una manifestación de aspectos internos que necesitan ser comprendidos y sanados, es el primer paso para la liberación. Muchas veces, se disfraza de inseguridad, procrastinación o autosabotaje, enmascarando sus raíces más profundas. Mirar a esta emoción con honestidad y curiosidad permite desvelar las capas ocultas que sustentan el miedo, cuestionando la veracidad de estas percepciones y abriendo espacio para la sanación emocional. Este movimiento interno es esencial para resignificar el miedo, acogiéndolo con comprensión y transformando su energía paralizante en fuerza vital para el crecimiento.

Transformar el miedo en coraje exige disposición para enfrentar el malestar y romper con ciclos automáticos de evasión. Este proceso comienza con la autoconciencia, que nos permite observar las situaciones que despiertan el miedo, identificar las sensaciones físicas que lo acompañan y reconocer los pensamientos que alimentan esta emoción. Este análisis cuidadoso revela patrones emocionales que muchas veces fueron formados por vivencias pasadas, pero que continúan influenciando el presente. Al traer a la luz estas conexiones, se inicia un proceso de deconstrucción de estas creencias, permitiendo que sean sustituidas por percepciones más positivas y fortalecedoras.

La práctica del Ho'oponopono surge como una poderosa herramienta en este camino de liberación. Sus cuatro frases — "Lo siento. Perdóname. Te amo. Estoy agradecido." — son simples, pero profundamente transformadoras. Al dirigirlas a las situaciones que despiertan miedo, a las personas involucradas o a sí mismo, se inicia una limpieza de las memorias y creencias que alimentan esta emoción. Este acto de purificación emocional no busca borrar el miedo, sino comprenderlo y disolver las amarras que lo mantienen activo. Con cada repetición de estas palabras, el peso del miedo se suaviza, dando lugar a la ligereza de la aceptación y del coraje.

Visualizarse enfrentando los propios miedos con confianza y determinación también fortalece este proceso. La mente tiene el poder de moldear la realidad, y al crear imágenes mentales de superación, el subconsciente comienza a aceptar la posibilidad de cambio. Imaginarse atravesando desafíos, conquistando objetivos y viviendo con libertad reprograma la mente para actuar con más seguridad. Este ejercicio continuo refuerza la autoconfianza, tornando el enfrentamiento de situaciones desafiantes más natural y menos atemorizante.

Las afirmaciones positivas son otro recurso poderoso para disolver el miedo. Frases como "Soy valiente y resiliente", "Confío en mi capacidad de superar desafíos" o "Merezco vivir con libertad y alegría" funcionan como mantras que reprograman el subconsciente. Repetirlas diariamente fortalece la mente y debilita las creencias limitantes, creando una nueva base interna de seguridad y confianza. Estas afirmaciones, cuando están alineadas con acciones concretas, aceleran el proceso de transformación.

Sin embargo, la verdadera superación del miedo exige acción. No basta comprender o visualizar el coraje; es necesario ponerlo en práctica. Esto puede comenzar con pequeños pasos: hablar en público por pocos minutos, enfrentar una conversación difícil, experimentar algo nuevo. Cada pequeña victoria sobre el miedo refuerza la autoconfianza y amplía la percepción de que es posible ir más allá de las limitaciones autoimpuestas. Este ciclo positivo de enfrentamiento y conquista gradualmente debilita el miedo, hasta que pierde su poder de paralizar.

La compasión desempeña un papel crucial en este proceso. Tener compasión por sí mismo es entender que sentir miedo no es señal de debilidad, sino una parte natural del viaje humano. Es permitirse errar, retroceder cuando sea necesario y avanzar cuando sea posible, sin juicios ni exigencias excesivas. Esta gentileza consigo mismo torna la caminata más ligera, pues reconoce que cada paso dado, por pequeño que sea, es una demostración de coraje. Extender esta compasión a los demás también disuelve resentimientos y amplía la comprensión de que todos enfrentan sus propios miedos.

Perdonarse a sí mismo por las veces en que el miedo impidió el avance también es fundamental. El perdón libera el peso de la culpa y crea espacio para nuevos intentos. Permite que el pasado sea visto como aprendizaje, no como prisión. Perdonar también a aquellos que, de alguna forma, contribuyeron a la formación de miedos e inseguridades es un acto de liberación, pues les quita el poder sobre nuestras emociones. Este movimiento de perdón abre camino para la sanación y para el florecimiento de una vida más ligera y auténtica.

Con el tiempo y la práctica constante, el miedo deja de ser un obstáculo y se convierte en un guía silencioso, señalando áreas que necesitan atención y crecimiento. Pasa a ser visto como una señal de dónde hay espacio para la evolución, no como una barrera insuperable. Este entendimiento transforma completamente la relación con el miedo, permitiendo que sea acogido e integrado, en lugar de combatido o evitado. Así, la energía antes consumida por la evasión es redirigida hacia el autodesarrollo y la expansión personal.

Este viaje de liberación no significa ausencia de desafíos, sino la construcción de una nueva postura ante ellos. La práctica del Ho'oponopono, asociada al cultivo de la autoconfianza, fortalece la resiliencia emocional, ampliando la comprensión de que cada obstáculo contiene una oportunidad de crecimiento. La vida pasa a ser vivida con más ligereza, autenticidad y propósito, pues el miedo, antes opresor, ahora es visto como una oportunidad de evolución y fortalecimiento.

Con el corazón más ligero y la mente abierta, se vuelve posible abrazar lo desconocido con coraje y curiosidad. La verdadera libertad no está en la ausencia de riesgos, sino en la confianza de que cada paso es guiado por la sabiduría interior. Desde esta perspectiva, el miedo se disuelve ante la claridad de quien elige vivir plenamente, permitiendo que cada experiencia, positiva o desafiante, contribuya a la construcción de un viaje rico, significativo y lleno de autenticidad. Así, liberarse del miedo es, sobre todo, permitirse vivir con plenitud, expandiendo los propios horizontes y abrazando todas las posibilidades que la vida tiene para ofrecer.

Al transitar este camino de autoconocimiento y sanación, se percibe que el miedo deja de ser una carga y se transforma en un guía silencioso, señalando áreas que necesitan atención y cuidado. Cada enfrentamiento, por pequeño que sea, representa una victoria sobre las limitaciones internas y refuerza la conexión con la propia esencia. Así, el proceso de liberación se vuelve continuo, permitiendo que nuevas posibilidades florezcan donde antes había solo estancamiento e inseguridad.

Este movimiento de expansión interior no significa ausencia de desafíos, sino una nueva postura ante ellos. La práctica constante del Ho'oponopono, junto con el cultivo de la autoconfianza, fortalece la resiliencia emocional y amplía la comprensión de que cada obstáculo lleva consigo una oportunidad de crecimiento. La vida pasa a ser vivida con más ligereza, autenticidad y propósito, pues el miedo, antes opresor, ahora sirve como un recordatorio de la capacidad infinita de adaptación y superación.

Con el corazón más ligero y la mente abierta, se vuelve posible abrazar lo desconocido con coraje y curiosidad. La libertad conquistada no reside en la ausencia de riesgos, sino en la confianza inquebrantable de que cada paso es guiado por la sabiduría interior. Así, el miedo se disuelve ante la claridad de quien elige vivir plenamente, permitiendo que cada experiencia contribuya a la construcción de un viaje rico, significativo y lleno de autenticidad.

Capítulo 25
Ansiedad: Calmando la Mente

La mente inquieta, dominada por pensamientos acelerados y preocupaciones constantes, refleja un estado de alerta continuo que desgasta el equilibrio emocional y físico. La ansiedad surge en este escenario como una respuesta automática, a menudo desproporcionada, que consume energía vital e impide la vivencia plena del presente. Este flujo incesante de pensamientos anticipatorios crea un ciclo de tensión que fragiliza la capacidad de lidiar con los desafíos diarios. Reconocer la ansiedad como una manifestación de memorias y creencias limitantes permite iniciar un proceso de transformación interna, en el cual es posible desacelerar la mente y restaurar la tranquilidad.

La comprensión profunda de la ansiedad revela que no es un obstáculo insuperable, sino una señal de que aspectos emocionales no resueltos están pidiendo atención. A partir de este entendimiento, se vuelve viable acceder a las raíces de esta inquietud, identificando patrones de pensamiento y emociones reprimidas que sustentan este estado mental. Esta aproximación consciente abre espacio para cuestionar el origen de estas preocupaciones, disolviendo gradualmente el impacto que ejercen sobre la mente y el cuerpo. Así, es posible romper el ciclo de la ansiedad y reconstruir una base de serenidad y confianza.

Al adoptar prácticas que favorecen la conexión con el momento presente, la mente naturalmente desacelera, permitiendo que el cuerpo se relaje y las emociones se estabilicen. Técnicas de respiración profunda, meditación guiada y afirmaciones positivas son recursos eficaces para reconducir la mente al equilibrio. Estas prácticas, cuando se realizan con regularidad, fortalecen la capacidad de observar los pensamientos sin dejarse envolver por ellos, promoviendo una sensación duradera de calma y claridad mental. Este proceso continuo de autocuidado no solo alivia la ansiedad, sino que también amplía la consciencia sobre sí mismo, creando un ambiente interno propicio al bienestar y la armonía.

La ansiedad se manifiesta como una corriente constante de pensamientos acelerados y emociones intensas, creando un estado de alerta continuo que desgasta tanto la mente como el cuerpo. Este torbellino mental, alimentado por preocupaciones sobre el futuro o por recuerdos del pasado, interfiere directamente en la capacidad de vivir el presente con plenitud. La mente inquieta, repleta de incertidumbres y recelos, desencadena reacciones físicas y emocionales que afectan el bienestar general. Tensión muscular, insomnio, irritabilidad y dificultad de concentración son solo algunos de los signos de que el equilibrio interno ha sido comprometido. En este escenario, reconocer la ansiedad como un reflejo de memorias y creencias enraizadas se convierte en el primer paso para transformarla y restaurar la tranquilidad interior.

Comprender que la ansiedad es una respuesta aprendida ante situaciones de inseguridad permite investigar sus causas más profundas. Muchas veces, este estado emocional es sustentado por experiencias pasadas no procesadas, traumas silenciosos o patrones de pensamiento negativo que se repiten a lo largo del tiempo. La consciencia de estas raíces posibilita cuestionar la veracidad de las creencias que alimentan el miedo y la preocupación, abriendo espacio para resignificarlas. Es en este proceso de investigación y comprensión que el Ho'oponopono se presenta como una práctica eficaz para disolver las capas de ansiedad, promoviendo un estado de paz y equilibrio.

El Ho'oponopono, con sus cuatro frases simples —"Lo siento. Perdóname. Te amo. Soy grato."—, actúa como una herramienta poderosa para limpiar las memorias que sustentan la ansiedad. Al repetir estas palabras con intención, es posible liberar patrones emocionales que mantienen la mente presa en ciclos de preocupación. Este proceso de purificación no busca negar la ansiedad, sino acogerla con compasión, permitiendo que su energía sea suavemente disuelta. Cada repetición de estas frases profundiza la conexión con el momento presente, reduciendo la influencia de pensamientos perturbadores y creando espacio para la serenidad.

Observar la ansiedad con atención y sin juicio es otro paso fundamental. Identificar los detonantes que la despiertan, las sensaciones físicas asociadas y los pensamientos que la refuerzan amplía la comprensión sobre cómo opera. Esta mirada atenta y compasiva ayuda a interrumpir el ciclo automático de reacción, haciendo posible responder a las situaciones de forma más equilibrada. Esta consciencia es liberadora, pues devuelve el poder de elección sobre cómo lidiar con las emociones, alejando la idea de que la ansiedad tiene control absoluto sobre la vida.

La práctica de la respiración consciente es una herramienta accesible y eficaz para calmar la mente ansiosa. Respirar lenta y profundamente activa el sistema nervioso parasimpático, responsable de la relajación del cuerpo. Este simple acto de atención a la respiración desacelera los latidos cardíacos, reduce la tensión muscular y crea una sensación inmediata de calma. Prácticas regulares de respiración consciente ayudan a interrumpir el flujo de pensamientos ansiosos, trayendo la mente de vuelta al presente y promoviendo el equilibrio emocional.

Aliada a la respiración, la meditación es una práctica que silencia la mente agitada y restaura la claridad interior. Dedicar algunos minutos diarios a la meditación guiada o a la observación de la propia respiración crea un espacio de quietud, donde la ansiedad no encuentra terreno para expandirse. La meditación enseña a observar los pensamientos sin identificarse con ellos, permitiendo que vengan y vayan sin causar sufrimiento. Este distanciamiento saludable de la mente agitada favorece la estabilidad emocional y amplía la capacidad de enfrentar desafíos con más serenidad.

Visualizaciones positivas también son recursos eficaces para combatir la ansiedad. Imaginarse en ambientes tranquilos, rodeado por naturaleza o envuelto por luz suave, proporciona alivio inmediato y condiciona la mente a buscar estados de calma. Visualizar situaciones desafiantes siendo enfrentadas con confianza y equilibrio refuerza la idea de que es posible actuar con seguridad incluso ante la incomodidad. Estas imágenes mentales funcionan como ensayos para el cerebro, entrenándolo a responder con más tranquilidad a las adversidades.

Afirmaciones positivas complementan este proceso de transformación. Repetir frases como "Soy calmado y confiado", "Libero la ansiedad y acojo la paz" o "Confío en el flujo de la vida" reprograma el subconsciente, debilitando patrones de pensamiento negativos. Este hábito diario fortalece la autoconfianza y crea una nueva base interna de seguridad, disolviendo poco a poco el dominio de la ansiedad.

Sin embargo, es la acción consciente la que consolida la superación de la ansiedad. Pequeños pasos prácticos, como organizar tareas diarias, establecer prioridades o enfrentar gradualmente situaciones que causan incomodidad, son fundamentales para construir confianza. Cada pequeña victoria refuerza la percepción de que la ansiedad no tiene poder absoluto y que es posible vivir con más ligereza. La combinación entre autoconsciencia, prácticas de relajación y acción concreta genera un ciclo positivo de crecimiento y fortalecimiento emocional.

La compasión por sí mismo es esencial en este proceso. Es importante entender que sentir ansiedad no es un signo de debilidad, sino una respuesta natural ante desafíos. Tratar-se con gentileza, respetar los propios límites y reconocer los esfuerzos hechos para superar este estado emocional hacen la jornada más leve. La autocompasión abre espacio para el acogimiento de las emociones, reduciendo la autocrítica e incentivando la búsqueda por equilibrio de manera más amorosa y paciente.

Con el tiempo, la práctica constante del Ho'oponopono y de otras técnicas de autocuidado transforma la relación con la ansiedad. Lo que antes era visto como un obstáculo pasa a ser reconocido como una señal de que algo necesita ser cuidado. Esta mirada más compasiva y atenta permite lidiar con la ansiedad de forma más equilibrada, reconociendo que cada pensamiento y emoción pueden ser comprendidos, acogidos y transformados.

Esta jornada de autoconocimiento y cura no busca eliminar totalmente la ansiedad, sino reducir su impacto y fortalecer la capacidad de enfrentarla con serenidad. Con cada práctica, la mente se vuelve más clara y enfocada, y el cuerpo responde con relajación y equilibrio. La ansiedad deja de dominar las acciones y pasa a ser solo una emoción pasajera, que surge y se disipa sin causar sufrimiento prolongado.

Así, cultivar la paz interior por medio del Ho'oponopono y de prácticas de autocuidado es un compromiso diario con el propio bienestar. Este camino de amor y aceptación permite atravesar los desafíos de la vida con más confianza y ligereza. Al cuidar de la mente y del corazón, se abre espacio para vivir con más presencia, gratitud y serenidad, construyendo una vida más plena, equilibrada y alineada con el verdadero propósito de ser.

Integrar el Ho'oponopono como práctica constante permite que la jornada de autoconocimiento se torne más profunda y significativa. Cada repetición de las frases simples carga la intención de cura y liberación, disolviendo capas de emociones reprimidas y pensamientos limitantes. Este proceso gradual fortalece la resiliencia emocional, ofreciendo una nueva perspectiva ante los desafíos cotidianos. La ansiedad, antes vista como un obstáculo, se transforma en una señal de que hay espacio para crecimiento y evolución interior.

Con el tiempo, la práctica consciente de estas técnicas crea un alicerce sólido de autocontrol y serenidad. Pequeños cambios diarios, como momentos de silencio, respiraciones profundas o simples repeticiones de mantras, se acumulan en un estado más equilibrado de ser. Esta armonía interna se refleja en las actitudes, en las decisiones y en las relaciones, haciendo la vida más leve y significativa. La mente, antes dispersa y ansiosa, pasa a operar con más claridad y propósito.

Así, cultivar la paz interior por medio del Ho'oponopono y de prácticas de autocuidado es un camino continuo de amor y aceptación. Este compromiso consigo mismo permite atravesar las incertidumbres de la vida con más confianza, reconociendo que cada pensamiento y emoción pueden ser transformados. Al cuidar de la mente y del corazón, se abre espacio para vivir con más presencia, gratitud y serenidad, creando una existencia más plena y alineada con el verdadero equilibrio.

Capítulo 26
Depresión, Autocuración y Esperanza

La experiencia de la depresión representa un viaje desafiante marcado por sentimientos de vacío, tristeza profunda y desconexión con la propia esencia. Este estado emocional no surge de forma repentina, sino como resultado de una acumulación de experiencias dolorosas, creencias limitantes y patrones emocionales no resueltos. La mente pasa a ser dominada por pensamientos negativos y autodespreciativos, mientras que el cuerpo responde con cansancio constante y pérdida de vitalidad. En este escenario, la percepción de sí mismo y del mundo se vuelve distorsionada, oscureciendo la posibilidad de cambio y renovación. Sin embargo, comprender la depresión como una señal de desequilibrio interno y no como una debilidad personal es el primer paso para recorrer un camino de curación y reconexión con la vida.

La autocuración comienza con la aceptación del propio sufrimiento y con la disposición de mirar hacia adentro, reconociendo las heridas emocionales que necesitan ser cuidadas. Este proceso implica acoger la propia vulnerabilidad con gentileza, permitiéndose sentir sin juicios. La autocompasión se convierte en un pilar esencial en esta jornada, pues fortalece la capacidad de cuidar de sí mismo con paciencia y amor. Cada pequeño paso dado en dirección al bienestar es una victoria, incluso si es discreta, y debe ser reconocido como parte de un movimiento continuo de transformación. Desde esta perspectiva, es posible liberarse gradualmente de las ataduras emocionales y abrir espacio para la renovación de la esperanza.

Al cultivar prácticas que favorecen el equilibrio emocional y la reconexión con la propia esencia, la luz interior comienza a expandirse, disipando lentamente la oscuridad. La búsqueda de pequeñas fuentes de gratitud en lo cotidiano, el fortalecimiento de vínculos afectivos y el cuidado con el cuerpo y la mente contribuyen significativamente para restaurar el bienestar. El viaje de superación de la depresión exige tiempo, paciencia y persistencia, pero también revela la fuerza interior capaz de conducir a la renovación. En este proceso, la esperanza renace, trayendo consigo la posibilidad de una vida más ligera, auténtica y plena de significado.

La depresión, muchas veces descrita como una sombra que se instala en el alma, se manifiesta de maneras variadas y sutiles, afectando tanto al cuerpo como a la mente. No se resume solo a un sentimiento pasajero de tristeza, sino que se profundiza en una pérdida de interés por actividades antes placenteras, acompañada por una fatiga persistente que parece agotar cualquier voluntad de actuar. La concentración se convierte en un desafío diario, mientras que el apetito y el sueño se desregulan, ampliando la sensación de desconexión con el propio cuerpo. Pensamientos negativos surgen con frecuencia, alimentando sentimientos de culpa e inutilidad que aíslan aún más al individuo de sus relaciones sociales. Este ciclo silencioso afecta no solo a quien lo vive, sino también a las personas a su alrededor, que muchas veces no comprenden la profundidad de este sufrimiento invisible.

Dentro de este escenario desolador, la práctica ancestral del Ho'oponopono surge como una propuesta de reconciliación y cura interior. Más que un simple ritual, esta enseñanza hawaiana invita a la reflexión de que la depresión no debe ser vista como una debilidad o una falla de carácter. Por el contrario, puede ser entendida como un pedido urgente de curación, una convocación para volver la mirada hacia adentro e identificar memorias y creencias que aprisionan la mente en la oscuridad. Al adoptar esta perspectiva, la práctica del Ho'oponopono se convierte en una herramienta de liberación, ofreciendo la posibilidad de romper con el ciclo de dolor emocional y reencontrar la luz de la esperanza que, aunque debilitada, jamás se extingue completamente.

Sin embargo, es importante comprender que el Ho'oponopono no sustituye el tratamiento médico convencional. El cuidado con la salud mental exige la participación activa de profesionales especializados, como psicólogos, psiquiatras y terapeutas, que pueden ofrecer un diagnóstico adecuado e intervenciones terapéuticas eficaces. Aún así, el Ho'oponopono puede actuar como un complemento valioso en este proceso, auxiliando en la autocuración y suavizando síntomas, al mismo tiempo que fortalece la conexión con la propia esencia y reaviva la alegría de vivir.

La práctica del Ho'oponopono se estructura en pilares que favorecen la autocuración y la superación de la depresión. El primero de ellos es la responsabilidad. Asumir la responsabilidad por la propia cura no significa cargar el peso de la culpa, sino reconocer que, incluso en medio del sufrimiento, hay un poder personal de transformación. Es una invitación a percibir que, a pesar de las adversidades, existe la posibilidad de moldear la propia realidad y buscar la felicidad de manera activa. Este paso es esencial, pues despierta la consciencia de que pequeños cambios pueden desencadenar grandes transformaciones.

Otro aspecto fundamental es la autocompasión. Cultivar una postura de cariño y comprensión consigo mismo permite reconocer el dolor sin juicios y ofrecerse a sí mismo el cuidado necesario para la recuperación. La autocompasión es un pilar que sustenta la jornada de curación, ayudando a disolver pensamientos autodespreciativos y permitiendo la construcción de un espacio interno más acogedor y seguro. Este proceso no exige grandes gestos, sino que comienza con actitudes simples, como respetar los propios límites y validar cada conquista, por pequeña que sea.

La limpieza de memorias es uno de los puntos centrales del Ho'oponopono. A través de las cuatro frases — "Lo siento. Perdóname. Te amo. Estoy agradecido." — se inicia un diálogo interno de aceptación y liberación. Estas palabras, cuando son dirigidas a los pensamientos negativos y a los sentimientos de tristeza, culpa e inutilidad, tienen el poder de suavizar el peso de las experiencias pasadas. La repetición consciente de estas frases actúa como una llave que abre puertas cerradas por el dolor, permitiendo que las emociones reprimidas sean acogidas y transformadas. Es un proceso delicado y gradual, pero profundamente eficaz en la disolución de patrones emocionales que alimentan la depresión.

La gratitud, muchas veces descuidada durante periodos de sufrimiento, se revela como una herramienta poderosa de reconexión con la vida. Encontrar pequeños motivos para estar agradecido — ya sea por un rayo de sol que calienta la piel, por el aroma del café por la mañana o por el confort de un abrazo — rescata la capacidad de percibir la belleza que aún existe alrededor. La práctica diaria de la gratitud no elimina el dolor inmediatamente, pero amplía la percepción de que, incluso en medio de la oscuridad, hay chispas de luz que pueden ser cultivadas. Este cambio de foco no solo fortalece la resiliencia emocional, sino que también nutre la esperanza de días más ligeros.

Reconocer la propia esencia divina es otro paso esencial en la práctica del Ho'oponopono. Independientemente del sufrimiento enfrentado, existe una luz interior que permanece intacta, esperando ser redescubierta. Conectarse con esta chispa divina no exige creencias específicas, sino la aceptación de que hay algo mayor que sustenta la propia existencia. Al permitir que esta luz interior guíe el proceso de curación, se crea una base sólida para enfrentar los desafíos con más valentía y serenidad.

Celebrar pequeños pasos es una actitud que fortalece la jornada de curación. Cada avance, por pequeño que parezca, representa una victoria significativa. Levantarse de la cama en un día difícil, salir a caminar por algunos minutos o simplemente respirar conscientemente son gestos que demuestran fuerza interior. Reconocer estos progresos con gentileza y respeto refuerza la percepción de que la recuperación no es lineal, sino que está hecha de momentos de avance y retroceso, todos igualmente importantes.

Buscar apoyo también es un componente vital en este camino. La soledad agrava el dolor, pero compartir experiencias puede traer alivio y comprensión. Estar rodeado de personas que ofrecen amor genuino o participar en grupos de apoyo proporciona un espacio seguro para expresar emociones y recibir soporte. Esta red de acogida no elimina el dolor, pero suaviza el peso que impone, creando un ambiente favorable para el florecimiento de la esperanza.

Incluso cuando la depresión hace parecer que la felicidad es inalcanzable y que la oscuridad es permanente, el Ho'oponopono recuerda que la luz nunca desaparece por completo. Puede estar escondida, debilitada, pero continúa allí, esperando ser accedida. El proceso de curación no ocurre de forma abrupta; se da lentamente, paso a paso, respetando el ritmo de cada persona. Permitirse vivir este proceso, con constancia y delicadeza, es fundamental para abrir espacio para la renovación.

Así, la integración de prácticas como el Ho'oponopono con tratamientos médicos y apoyo terapéutico construye una base sólida para la superación de la depresión. Este camino permite que nuevas percepciones florezcan, trayendo claridad donde antes había confusión y despertando la capacidad de ver posibilidades donde solo existían obstáculos. Reconectarse con la propia esencia pasa, también, por la apreciación de las pequeñas alegrías cotidianas — observar el cielo, sentir la brisa, escuchar una música acogedora. Son estos momentos simples los que rescatan la sensación de pertenencia a la vida.

Con el tiempo, el dolor cede espacio a una comprensión más profunda sobre sí mismo y sobre la propia trayectoria. La depresión, antes percibida como una carga insoportable, se transforma en una oportunidad de crecimiento y reconexión. La luz interior, alimentada por la autocompasión, por el apoyo sincero y por el compromiso con la propia cura, se convierte en una guía suave en el camino de vuelta a la vida. En este proceso continuo y delicado, la esperanza renace — no como un ideal distante, sino como una presencia real, capaz de sustentar una vida más ligera, auténtica y llena de propósito.

Permitirse vivenciar el proceso de curación es reconocer que cada etapa, por más sutil que sea, lleva un significado profundo. El camino para salir de la oscuridad no exige prisa, sino constancia y delicadeza con los propios límites. Al integrar prácticas como el Ho'oponopono con tratamientos médicos y apoyo terapéutico, se construye una base sólida para la superación. Esta combinación de cuidados abre espacio para que nuevas percepciones surjan, despertando la capacidad de ver posibilidades donde antes había solo obstáculos.

La reconexión con la propia esencia también pasa por el reconocimiento de las pequeñas alegrías diarias. Observar el amanecer, sentir la brisa en el rostro o simplemente escuchar una música que trae confort son gestos simples, pero poderosos, que rescatan la sensación de pertenencia a la vida. Cada momento de presencia genuina contribuye para disolver la sensación de aislamiento y fortalece la esperanza. Así, el autocuidado deja de ser un esfuerzo aislado y se transforma en un flujo continuo de amor propio y renovación.

Con el tiempo, el dolor da lugar a una comprensión más profunda de sí mismo y de la propia trayectoria. La depresión, antes un peso insoportable, se transforma en una oportunidad de crecimiento y reconexión. La luz interior, alimentada por la autocompasión, por el apoyo sincero y por el compromiso con la propia cura, guía suavemente el camino de vuelta a la vida. Y es en este proceso, paso a paso, que renace la esperanza — no como algo distante, sino como una presencia real y constante, capaz de sustentar una vida más ligera, auténtica y llena de propósito.

Capítulo 27
Consuelo en el Dolor de la Pérdida

El dolor de la pérdida es una experiencia que toca profundamente el alma, despertando intensos sentimientos de tristeza, vacío y nostalgia. Cuando un ser querido parte, la ausencia se hace presente de manera abrumadora, trayendo a la superficie la vulnerabilidad y la fragilidad de la existencia. Este momento de despedida no se limita al fin de una convivencia, sino que implica la resignificación de lazos y la adaptación a una nueva realidad. Atravesar el duelo exige delicadeza y comprensión, pues cada emoción que emerge lleva consigo la expresión del amor y la conexión vivida. Permitirse sentir este dolor, sin resistencias ni juicios, es un paso esencial para iniciar el proceso de curación.

El camino para encontrar consuelo en el dolor implica acoger los recuerdos con cariño y respeto, reconociendo que el vínculo con quien partió permanece vivo en la memoria y en el corazón. La nostalgia, aunque dolorosa, puede transformarse en un puente que conecta el pasado con la continuidad de la vida. Cultivar momentos de reflexión y gratitud por los instantes compartidos fortalece la sensación de presencia, incluso ante la ausencia física. Este proceso no busca borrar el dolor, sino suavizarlo con el reconocimiento de que el amor vivido trasciende el tiempo y el espacio, ofreciendo confort y serenidad.

Al abrazar el propio dolor con compasión, surge la posibilidad de transformar el sufrimiento en un aprendizaje profundo sobre la vida, el amor y la impermanencia. Este movimiento interno abre camino para honrar la memoria de quien partió con gestos de afecto y celebración, manteniendo viva la esencia de la relación construida. Desde esta perspectiva, el dolor de la pérdida puede transformarse suavemente en fuerza, permitiendo seguir adelante con coraje, esperanza y la certeza de que cada historia vivida permanece eternamente grabada en el corazón.

El duelo es un viaje silencioso y profundo, una travesía que exige coraje y delicadeza. Cada persona vive este dolor de forma única, con sus propios matices de sentimientos y pensamientos. No hay reglas ni plazos para superar la pérdida de un ser querido. La tristeza, la nostalgia, la rabia, la culpa e incluso la confusión emergen como olas impredecibles, trayendo a la superficie la intensidad del vínculo que existía. Permitirse sentir estas emociones sin juicios es un gesto de respeto al propio dolor y una manera de honrar el amor que fue compartido. El duelo, al fin y al cabo, no es debilidad, sino una expresión legítima del afecto y la conexión con quien partió.

Dentro de este camino desafiante, la práctica del Ho'oponopono surge como un faro de serenidad, iluminando el camino de la curación emocional. Esta filosofía hawaiana enseña que el duelo es una oportunidad de reconciliación y de curación interior. No se trata de olvidar o minimizar el dolor, sino de aceptar la pérdida como parte inevitable del ciclo de la vida. Esta aceptación no implica alejarse del amor que se siente, sino reconocer que, aunque la presencia física haya partido, el vínculo permanece vivo en los recuerdos y en el corazón. Es en este espacio íntimo donde se puede encontrar consuelo e iniciar el delicado proceso de transformación del dolor en serenidad.

    Honrar la memoria de quien partió se convierte en una forma de mantener viva la conexión. Guardar fotos, rememorar historias y preservar objetos que remiten a momentos especiales son maneras sutiles de celebrar la vida y el legado dejado. Pequeños rituales, como encender una vela en homenaje o dedicar una oración, ayudan a transformar la nostalgia en una presencia serena. Estos gestos no borran la ausencia, pero resignifican el vacío, permitiendo que el amor continúe floreciendo de forma silenciosa y constante.

    Expresar las emociones es esencial en este proceso. Guardar el dolor en silencio puede intensificar el sufrimiento, mientras que liberar sentimientos ofrece espacio para la curación. Permitirse llorar, conversar con amigos o familiares, escribir sobre el dolor en un diario o expresarlo a través del arte son formas de dar voz a las emociones que resuenan en el corazón. El Ho'oponopono, con sus cuatro frases — "Lo siento. Perdóname. Te amo. Estoy agradecido."—, actúa como una práctica de limpieza emocional. Estas palabras, repetidas con sinceridad, pueden dirigirse al ser querido que partió, a uno mismo y a las situaciones que generaron dolor. Esta práctica no busca borrar el recuerdo, sino aliviar el peso de las emociones no resueltas.

El perdón es otro pilar importante en el viaje del duelo. Muchas veces, la pérdida despierta sentimientos de culpa o arrepentimiento por palabras no dichas o gestos no realizados. Perdonarse a sí mismo por aquello que quedó por decir o hacer, así como perdonar al ser querido por eventuales desavenencias, es un acto de liberación. El perdón no disminuye el dolor de la ausencia, pero suaviza las aristas del sufrimiento, abriendo camino para la paz interior. Liberarse de estos pesos emocionales permite seguir adelante con más ligereza y serenidad.

La gratitud, incluso en medio del dolor, posee un poder transformador. Agradecer por los momentos vividos, por las risas compartidas y por las lecciones aprendidas fortalece el corazón. Reconocer la belleza de lo que fue vivido no anula la tristeza de la pérdida, pero crea un puente entre el dolor y la esperanza. Este sentimiento de gratitud suaviza la rigidez del duelo y rescata la percepción de que, a pesar de la ausencia, el amor permanece como un lazo eterno. El Ho'oponopono nos recuerda que, al cultivar la gratitud, fortalecemos la conexión con el amor que trasciende la despedida.

La conexión espiritual también desempeña un papel fundamental en este proceso de curación. Cada persona encuentra consuelo en diferentes formas de espiritualidad, ya sea a través de la fe, la meditación o prácticas que alimentan el alma. Conectarse con la propia esencia divina o con creencias personales ofrece amparo en momentos de fragilidad. Este contacto íntimo con lo sagrado puede traer respuestas, consuelo y, principalmente, la sensación de que el viaje de la vida no termina con la muerte. La espiritualidad se convierte en una fuente de consuelo, recordando que la existencia es continua y que el amor no conoce límites.

Celebrar la vida de quien partió es una manera de honrar su memoria con alegría y respeto. Plantar un árbol en homenaje, dedicar momentos de reflexión o incluso ayudar a alguien en nombre del ser querido son formas de mantener el amor en movimiento. Estos gestos simples, pero profundos, transforman el dolor de la ausencia en un legado de cariño y significado. Muestran que, aunque la despedida haya sido inevitable, el impacto de quien partió continúa resonando en el mundo a través de acciones concretas y amorosas.

Es fundamental recordar que el duelo no necesita ser enfrentado en solitario. Buscar apoyo en amigos, familiares o grupos de apoyo ofrece un espacio seguro para compartir el dolor y encontrar comprensión. Profesionales especializados, como psicólogos y terapeutas, pueden ayudar en la comprensión y la acogida de las emociones, ofreciendo herramientas para lidiar con el sufrimiento. La escucha atenta y el apoyo de quien comprende la profundidad de este dolor son esenciales para atravesar el duelo con más resiliencia.

El Ho'oponopono invita a la reflexión de que el duelo, por más doloroso que sea, no es un fin, sino una transición. El dolor de la pérdida nunca desaparece por completo, pero con el tiempo se transforma. Puede suavizarse, convirtiéndose en una nostalgia tranquila que acompaña, pero no paraliza. El amor vivido permanece, moldeando la forma en que cada uno elige seguir adelante. Este proceso continuo de curación permite encontrar un nuevo significado para la ausencia, donde la memoria se convierte en inspiración y el amor se refleja en cada elección de vivir con más presencia y gratitud.

Permitirse vivir el duelo con autenticidad es una forma de honrar no solo a quien partió, sino también a la propia vida. Cada lágrima, cada silencio y cada recuerdo son parte de un ciclo natural de curación que ocurre al ritmo de cada corazón. No hay prisa en acallar el dolor, pues es el reflejo del amor profundo que existió. Al acoger esta vulnerabilidad, se abre espacio para que la nostalgia se transforme en una presencia suave que inspira nuevos caminos.

Así, el dolor de la pérdida puede, con el tiempo, ser suavizado por gestos de amor y comprensión. Plantar un árbol en homenaje, escribir cartas o simplemente reservar momentos de silencio son maneras de mantener viva la conexión con quien partió. Estos rituales no anulan la ausencia, pero ayudan a resignificarla, permitiendo que la vida siga con más ligereza. El Ho'oponopono, en este contexto, sirve como un recordatorio constante de que el amor no se deshace con la despedida; se transforma y continúa habitando nuestros corazones.

Encontrar consuelo en el dolor de la pérdida es comprender que la vida está hecha de encuentros y despedidas, pero también de lazos que el tiempo no rompe. Honrar a quien partió es también honrarse a sí mismo, permitiéndose vivir con autenticidad, ligereza y gratitud. Y, en este proceso, la esperanza renace como una luz suave, guiando el corazón y dando sentido a las nuevas etapas que se despliegan en el camino. El amor vivido permanece, eterno y silencioso, como un faro que ilumina y orienta, incluso en las noches más oscuras.

Permitirse vivir el duelo con autenticidad es un acto de amor propio y de respeto a la historia compartida con quien partió. Cada lágrima derramada, cada silencio profundo y cada recuerdo rescatado forman parte de un proceso de curación que ocurre en el tiempo de cada uno. No hay prisa en silenciar el dolor, pues este lleva la profundidad del vínculo y la importancia de quien se ha perdido. Al aceptar esta vulnerabilidad, se abre espacio para que la nostalgia se transforme gradualmente en una presencia serena que acompaña e inspira nuevos caminos.

Con el paso del tiempo, pequeños gestos pueden convertirse en poderosos rituales de reconexión con la memoria de quien partió. Plantar un árbol, escribir cartas o simplemente dedicar momentos de reflexión son formas sutiles, pero significativas, de mantener vivos el amor y la gratitud. Estas prácticas no anulan la ausencia, pero ayudan a resignificarla, permitiendo que la vida siga adelante con más ligereza. El Ho'oponopono, en este contexto, actúa como un recordatorio constante de que el amor no se deshace con la despedida, sino que se transforma y continúa floreciendo dentro de nosotros.

Así, encontrar consuelo en el dolor de la pérdida es comprender que el ciclo de la vida implica encuentros y despedidas, pero también conexiones eternas que no se rompen con el tiempo. Honrar a quien partió es también honrar la propia vida, permitiéndose vivir con autenticidad, ligereza y gratitud. Y, en este proceso, la esperanza renace, trayendo consigo la certeza de que el amor vivido permanece como una luz suave que guía el corazón, dando sentido a las nuevas etapas que se despliegan en el camino.

Capítulo 28
Liberándose de las Ataduras del Pasado

El perdón se revela como una fuerza transformadora capaz de disolver las barreras emocionales que mantienen a las personas presas de dolores pasados. Se trata de un acto profundo de amor y compasión, que permite la liberación de resentimientos, culpas y rencores acumulados a lo largo del tiempo. Al adoptar el perdón como práctica consciente, se produce la liberación de cargas emocionales que impiden el crecimiento personal y la conquista de una vida más ligera y plena. Este proceso no exige la aprobación o la comprensión de terceros, sino un compromiso personal con la propia curación y evolución. Reconocer la importancia del perdón es el primer paso para deshacer los nudos que nos conectan a experiencias dolorosas, permitiendo que la paz y la armonía fluyan libremente en todos los aspectos de la vida.

La decisión de perdonar implica coraje para revisitar sentimientos profundos y mirar hacia uno mismo con honestidad y compasión. Este movimiento interno promueve la aceptación de las imperfecciones humanas y la comprensión de que los errores forman parte del aprendizaje. Al permitir que el perdón fluya, no se niega el dolor vivido, sino que se elige no alimentarlo más, creando espacio para la renovación interior. Esta apertura emocional favorece la disolución de patrones negativos y posibilita una nueva forma de relacionarse consigo mismo y con los demás. Así, el perdón se consolida como un pilar esencial para la reconstrucción de la autoestima, para el fortalecimiento emocional y para la construcción de relaciones más saludables y equilibradas.

Al integrar el perdón como práctica constante, se produce una profunda transformación en el modo en que se vivencian los desafíos de la vida. La ligereza emocional conquistada se refleja en actitudes más compasivas y empáticas, ampliando la capacidad de lidiar con las adversidades con serenidad. Este proceso continuo de autocuración refuerza la conexión con la propia esencia y despierta un sentimiento genuino de gratitud por el camino recorrido. Así, al elegir el camino del perdón, se abre la posibilidad de transitar una vida más plena, repleta de amor, comprensión y libertad emocional, donde el pasado ya no dicta el ritmo del presente, y el futuro se construye con más ligereza y autenticidad.

Liberarse de las ataduras del pasado es un proceso profundo de transformación que exige coraje, paciencia y compasión. El perdón, en este contexto, surge como una llave esencial para disolver las barreras emocionales que mantienen a las personas presas de rencores, resentimientos y culpas acumuladas a lo largo de la vida. No se trata de olvidar o justificar los dolores vividos, sino de elegir conscientemente soltar el peso que impide el flujo natural de la vida. Esta decisión íntima de liberar el sufrimiento permite que la paz interior y el amor propio florezcan, creando espacio para el crecimiento personal y la construcción de una existencia más ligera y auténtica. Al reconocer que el perdón es un gesto de amor propio y no de sumisión, se abre el camino para la verdadera libertad emocional.

Perdonar implica revisitar heridas profundas con honestidad y gentileza. Esta inmersión interior no niega el dolor sentido, sino que busca comprenderlo y resignificarlo. Es un acto de coraje mirar los propios errores y las fallas ajenas con la comprensión de que la imperfección forma parte de la experiencia humana. Esta mirada compasiva transforma el dolor en aprendizaje y permite deshacer los nudos que aprisionan el corazón. Al permitir que el perdón fluya, dejamos de alimentar rencores y resentimientos, creando espacio para la renovación interior y para una nueva forma de relacionarse consigo mismo y con el mundo.

El Ho'oponopono, una práctica hawaiana de reconciliación y cura, ofrece herramientas valiosas para este proceso de liberación. Sus cuatro frases — "Lo siento. Perdóname. Te amo. Soy grato." — son más que simples palabras; son una invitación a limpiar memorias dolorosas y restaurar el equilibrio emocional. Cuando se repiten con intención sincera, estas frases actúan como un bálsamo para el corazón herido, disolviendo resentimientos y suavizando el peso del pasado. El Ho'oponopono nos enseña que perdonar no exige la participación del otro, pues es un movimiento interno de cura que libera a quien decide seguir adelante sin cargar rencores.

El autoperdón es, quizás, el desafío más profundo en esta jornada. Muchas veces, somos nuestros mayores críticos, juzgándonos con severidad por elecciones pasadas, por palabras no dichas o por actitudes que trajeron dolor a nosotros mismos o a otros. Cargar este peso impide la evolución y el florecimiento personal. Perdonar a sí mismo es reconocer la propia humanidad, aceptar las limitaciones y entender que cada decisión fue tomada con los recursos emocionales y mentales disponibles en aquel momento. Este acto de compasión interna es liberador, pues permite recomenzar con ligereza y con la sabiduría adquirida por las experiencias vividas.

En las relaciones, el perdón desempeña un papel fundamental. Guardar resentimientos y rencores crea barreras invisibles que impiden la armonía y el crecimiento conjunto. Cuando perdonamos a alguien que nos hirió, no estamos borrando lo que sucedió, pero estamos eligiendo no cargar más el peso de aquel dolor. Este gesto libera la energía estancada y abre espacio para la reconciliación, en caso de que sea posible, o para la paz interior, incluso si el camino de ambos sigue en direcciones diferentes. El perdón, en este contexto, no exige convivencia continua con quien causó dolor, pero ofrece la oportunidad de seguir adelante sin la carga del rencor.

Al practicar el perdón, también desarrollamos la empatía y la comprensión. Cuando reconocemos nuestras propias fallas y nos perdonamos, nos volvemos más compasivos con los errores ajenos. Esta empatía fortalece los lazos afectivos y promueve relaciones más saludables y auténticas. A partir de este punto, construimos vínculos basados en la comprensión mutua y en el respeto, haciendo posible una convivencia más armoniosa.

Liberarse del pasado también involucra el desapego emocional. Muchas veces, nos quedamos presos a situaciones o personas por cuenta de expectativas no atendidas o de dolores no resueltos. El perdón es el camino para deshacer esos lazos que nos atan a momentos que ya pasaron. Al liberar resentimientos, abrimos espacio para nuevas experiencias y oportunidades de crecimiento. Este desapego no significa desvalorizar lo que se vivió, sino comprender que la vida sigue en constante movimiento y que el presente merece ser vivido con plenitud.

El Ho'oponopono refuerza que, aunque el pasado no pueda ser cambiado, la manera en que nos relacionamos con él puede ser transformada. Al elegir el perdón, reescribimos nuestra historia bajo una nueva perspectiva, liberándonos de los dolores antiguos y creando un camino más ligero y feliz. Este proceso de curación es continuo y exige práctica diaria, pero cada paso dado representa un avance significativo hacia la paz interior.

El perdón también nos conduce a un camino de amor y compasión. No solo por el otro, sino principalmente por nosotros mismos. Es un regalo silencioso y profundo que ofrecemos a nuestro corazón. Al soltar las amarras del dolor, abrimos espacio para la alegría, la serenidad y la plenitud. Esta elección consciente de cultivar la paz, incluso ante las adversidades, fortalece el alma y despierta una nueva mirada sobre la vida.

Seguir adelante con el corazón ligero es uno de los mayores regalos que podemos ofrecernos. Al liberarnos de las cadenas del pasado, creamos espacio para vivir el presente de forma plena y para construir un futuro más armonioso. El perdón nos guía por una jornada de autoconocimiento y de amor incondicional, donde aprendemos que la verdadera fuerza está en elegir la paz. En este camino, cada experiencia, por más dolorosa que haya sido, se convierte en parte de un aprendizaje mayor que nos conduce a una existencia más serena y auténtica.

Practicar el perdón no es un acto aislado, sino una elección continua. Cada vez que optamos por perdonar, estamos reafirmando nuestro compromiso con la libertad emocional y con nuestra evolución. Este proceso nos reconecta con nuestra esencia, haciéndonos más resilientes ante las adversidades y más abiertos al amor y a la alegría. Así, el perdón se consolida como un camino de curación profunda, que nos conduce a una vida más ligera, verdadera y plena.

Al integrar el perdón como parte de nuestra jornada, abrimos espacio para que el amor y la gratitud fluyan libremente. Este movimiento interior nos libera y nos fortalece, permitiendo que el dolor del pasado no dicte más el ritmo de nuestro presente. Así, construimos un futuro repleto de posibilidades, donde cada paso es guiado por la ligereza, la compasión y la autenticidad. En este proceso de liberación, encontramos no solo la paz, sino también la oportunidad de florecer y de vivir con más verdad y profundidad.

Liberarse de las ataduras del pasado es reconocer que el dolor vivido no define quiénes somos, pero puede ser transformado en aprendizaje y crecimiento. El perdón no borra lo que sucedió, pero suaviza el peso emocional que cargamos, permitiendo que nuevas posibilidades florezcan. Al soltar los rencores y liberar resentimientos, creamos espacio para reconstruir nuestros caminos con más ligereza y autenticidad. Este movimiento de desapego emocional no sucede de forma inmediata, pero cada paso dado en esta dirección representa un avance significativo rumbo a la libertad interior.

La práctica constante del Ho'oponopono fortalece este proceso de liberación, actuando como un recordatorio diario de que podemos elegir la paz en lugar del dolor. Al repetir las frases con sinceridad, gradualmente disolvemos bloqueos internos y permitimos que el amor propio se manifieste con más fuerza. Esta apertura emocional nos conecta con nuestra esencia más verdadera, haciéndonos más empáticos y comprensivos, tanto con nuestras fallas como con las limitaciones ajenas. Así, el perdón deja de ser un acto aislado y se transforma en una práctica continua de autocuidado y evolución.

Seguir adelante con el corazón ligero es un regalo que nos ofrecemos a nosotros mismos. Cuando nos liberamos de las cadenas del pasado, abrimos camino para vivir plenamente el presente y construir un futuro más armonioso. El perdón nos conduce a una jornada de autoconocimiento y amor incondicional, donde aprendemos que la verdadera fuerza está en elegir la paz. En este camino, cada experiencia se convierte en parte de un aprendizaje mayor, guiándonos hacia una vida más serena, auténtica y profundamente conectada con el ahora.

Capítulo 29
Conectándose con la Esencia Divina

La conexión con la esencia divina es un viaje de autodescubrimiento e integración profunda con la fuerza creadora que impregna el universo. Esta conexión trasciende las creencias religiosas y los dogmas, permitiendo que cada individuo reconozca la presencia de lo divino en sí mismo y en los demás. Se trata de comprender que somos partes de un todo mayor, interconectados por una energía sutil que guía la vida y sustenta la existencia. Al abrirnos a esta consciencia, despertamos a la sabiduría interior, ampliamos nuestra percepción de la realidad y nos armonizamos con las leyes naturales y espirituales que rigen el cosmos. Esta integración proporciona equilibrio emocional, claridad mental y serenidad frente a los desafíos, favoreciendo una vida guiada por el amor, la compasión y la gratitud.

Esta conexión con la esencia divina no exige rituales complejos ni prácticas rígidas; se manifiesta a través de actitudes simples pero profundas, como el cultivo del silencio interior, la escucha de la intuición y la práctica constante del perdón. Al acceder a este estado de presencia consciente, abrimos espacio para la sanación interior y para la reconciliación con todas las partes de nosotros mismos. Esta integración nos lleva a reconocer que cada experiencia vivida, ya sea de dolor o de alegría, forma parte de un proceso mayor de aprendizaje y evolución. Así, la búsqueda de esta conexión se transforma en un camino de autotransformación, en el que se disuelve la ilusión de la separación y se fortalece el sentido de unidad con todo lo que existe.

Al alinearnos con esta dimensión espiritual, desarrollamos la capacidad de vivir con más autenticidad y propósito. Empezamos a comprender que nuestras acciones, pensamientos y sentimientos reverberan en el colectivo, influenciando no solo nuestra propia vida, sino también el entorno que nos rodea. Esta consciencia nos impulsa a actuar con responsabilidad, empatía y generosidad, contribuyendo a la construcción de un mundo más armonioso. A partir de esta conexión, florece una comprensión más profunda sobre el sentido de la existencia, permitiendo que la vida sea guiada por la sabiduría del corazón y por la certeza de que somos cocreadores de nuestra realidad. Así, al fortalecer este vínculo con la esencia divina, abrimos caminos para una existencia más plena, ligera y en sintonía con el flujo natural de la vida.

La conexión con la esencia divina es un viaje de retorno a lo más auténtico y verdadero dentro de nosotros. Este camino no exige creencias rígidas ni prácticas complejas, sino una apertura sincera para reconocer la presencia de lo sagrado en todo lo que existe. Se trata de percibir que somos partes inseparables de una gran red de vida, sustentados por una energía universal que nos envuelve y nos atraviesa. Al alinearnos con esta fuerza creadora, somos invitados a sumergirnos en el autoconocimiento y a comprender que cada experiencia vivida, ya sea de dolor o de alegría, es parte de un proceso continuo de aprendizaje y evolución. Este despertar nos conduce a una vida más ligera, donde la paz interior y la armonía con el mundo que nos rodea se vuelven naturales.

La espiritualidad, en este contexto, deja de ser un concepto distante para convertirse en una vivencia diaria. El simple acto de silenciar la mente y escuchar la propia intuición ya representa un paso hacia esta conexión. Pequeñas prácticas, como momentos de reflexión, gestos de gratitud o la observación atenta de la naturaleza, nos acercan a esta energía divina que habita en cada ser. En esta búsqueda, reconocemos que lo divino no está fuera de nosotros, sino que pulsa en nuestro interior, guiando nuestras acciones y decisiones. Al permitir que esta presencia se manifieste, pasamos a actuar con más compasión, responsabilidad y amor, tanto por nosotros mismos como por los demás.

El Ho'oponopono, como práctica espiritual, ofrece un puente para esta reconexión. Sus cuatro frases — "Lo siento. Perdóname. Te amo. Soy grato." — son herramientas poderosas de limpieza y realineamiento con nuestra esencia divina. Cada palabra, cuando se pronuncia con sinceridad, disuelve bloqueos emocionales y energéticos, abriendo espacio para la paz interior. Esta práctica nos enseña que somos cocreadores de nuestra realidad y que, al asumir la responsabilidad de nuestros pensamientos y emociones, podemos transformar nuestra vida. El Ho'oponopono nos recuerda que, al sanarnos a nosotros mismos, también contribuimos a la sanación del colectivo, pues todo está interconectado.

Expandir la consciencia es otro paso fundamental en esta jornada espiritual. Comprender que formamos parte de un todo mayor nos libera de la ilusión de la separación y fortalece el sentido de unidad. Empezamos a percibir que nuestras acciones reverberan más allá de nosotros mismos, influenciando el entorno y las personas que nos rodean. Esta percepción nos conduce a actuar con más empatía y generosidad, reconociendo que cada elección tiene un impacto en el equilibrio de la vida. Vivir en armonía con las leyes espirituales — como la ley del amor, de la gratitud y de la causa y efecto — nos guía a una existencia más consciente y alineada con los principios que rigen el universo.

Esta conexión profunda también nos despierta al propósito de vida. A partir del momento en que nos sintonizamos con nuestra esencia, surge una claridad sobre el papel que desempeñamos en el mundo. Este propósito no necesita ser grandioso ni extraordinario; se revela en los pequeños gestos de cuidado, en las palabras de afecto y en las elecciones diarias que reflejan nuestro compromiso con el bien. Reconocer este propósito da sentido a nuestra existencia, dirigiendo nuestros pasos con confianza y autenticidad.

La paz interior, tan anhelada, es el resultado natural de esta conexión con lo divino. Al calmar la mente y liberar los pensamientos negativos, encontramos serenidad incluso ante los desafíos. Esta tranquilidad no significa ausencia de problemas, sino la capacidad de enfrentarlos con sabiduría y equilibrio. El Ho'oponopono nos invita a cultivar esta paz mediante la repetición de sus frases, que funcionan como un mantra de sanación y alineamiento. Este estado de quietud interna es la base para una vida plena, donde cada experiencia es acogida como parte de un camino mayor de evolución.

Integrar el Ho'oponopono a la práctica espiritual es una manera simple y eficaz de profundizar esta conexión. La meditación con las cuatro frases, por ejemplo, permite calmar la mente y escuchar la voz de la intuición. La oración, al incorporar estas palabras, se convierte en un momento de entrega y búsqueda de orientación divina. Estudiar los principios de esta práctica y aplicarlos en la vida cotidiana amplía la comprensión sobre la responsabilidad que tenemos en nuestra propia sanación. Además, servir al prójimo con amor y compasión refuerza la idea de que la transformación personal se refleja positivamente en el mundo que nos rodea.

Esta jornada de reconexión con la esencia divina también nos lleva a percibir que cada pensamiento, palabra e intención poseen un poder creador. Somos responsables de la energía que emanamos y, en consecuencia, del entorno que ayudamos a construir. Al elegir pensamientos de amor y gratitud, nutrimos no solo nuestro bienestar, sino también el equilibrio colectivo. El Ho'oponopono, en este sentido, actúa como un recordatorio constante de que tenemos el poder de purificar nuestra mente y corazón, promoviendo ligereza y claridad en nuestro camino.

Al profundizar esta conexión, comprendemos que la verdadera transformación comienza de adentro hacia afuera. La práctica continua del perdón y la gratitud nos libera de patrones limitantes y nos abre a nuevas posibilidades. Este proceso nos vuelve más empáticos y comprensivos, permitiéndonos relacionarnos de forma más saludable con los demás y con el mundo. Así, el perdón deja de ser un acto aislado y se convierte en un camino continuo de evolución y cuidado.

Vivir en sintonía con la esencia divina es, por lo tanto, vivir con propósito, amor y presencia. Cada paso dado en esta dirección nos conduce a una existencia más ligera y plena, donde las dificultades se enfrentan con sabiduría y los momentos de alegría se viven con gratitud. Al reconectarnos con esta fuerza mayor, reconocemos que somos parte de algo mucho más grande que nosotros mismos y que cada acción, por pequeña que sea, contribuye al equilibrio de la vida.

Así, la conexión con la esencia divina no es un destino final, sino una jornada continua de autodescubrimiento y transformación. Al permitirnos vivenciar este camino con apertura y autenticidad, somos guiados por una fuerza amorosa que nos sustenta y nos inspira. El Ho'oponopono nos ofrece las herramientas para caminar con ligereza y verdad, recordándonos que somos responsables de nuestra propia sanación y del impacto que dejamos en el mundo. En este estado de unidad y armonía, cada elección se convierte en un reflejo del amor que habita en nosotros, conduciéndonos a una vida más plena, verdadera y en sintonía con el flujo natural de la existencia.

Con la profundización en esta jornada espiritual, se hace evidente que cada palabra, cada pensamiento y cada intención tienen un poder de creación y de cambio. La práctica constante de las frases del Ho'oponopono — "Lo siento. Perdóname. Te amo. Soy grato." — funciona como un recordatorio de que somos coautores de nuestra propia realidad. Este reconocimiento nos invita a actuar con más consciencia y a cultivar estados de amor y gratitud, influenciando positivamente no solo nuestro bienestar, sino también el flujo energético que nos rodea. Es en este proceso de purificación interior que encontramos ligereza y claridad para seguir adelante, guiados por una fuerza mayor que nos ampara.

Así, integrar el Ho'oponopono a la espiritualidad diaria es una invitación a vivir con más autenticidad, propósito y presencia. Al reconectarnos con nuestra esencia divina, despertamos a la responsabilidad amorosa de cuidar de nosotros mismos, de los demás y del planeta. Este camino, marcado por el perdón y la gratitud, revela que la verdadera transformación comienza de adentro hacia afuera, conduciéndonos a una existencia más plena, armoniosa y alineada con el flujo natural de la vida. En este estado de unidad, comprendemos que cada paso dado es parte de una jornada continua de evolución y sanación, donde el amor es la fuerza que sustenta y guía cada elección.

Capítulo 30
Armonía Energética

La armonía energética es fundamental para mantener el equilibrio entre cuerpo, mente y espíritu, influyendo directamente en la calidad de vida y el bienestar integral. Cada pensamiento, emoción y experiencia vivida se refleja en el flujo de la energía vital, que recorre el cuerpo a través de centros específicos llamados chakras. Estos vórtices de energía son responsables de regular diversas funciones físicas, emocionales y espirituales, y su alineación es esencial para que la energía fluya de manera libre y saludable. Cuando estos centros están bloqueados o en desequilibrio, surgen malestares físicos, tensiones emocionales y dificultades espirituales. Así, cuidar de la energía interna se convierte en un proceso esencial para alcanzar una vida más ligera, saludable y plena.

La práctica del Ho'oponopono se integra perfectamente en este proceso, actuando como una herramienta poderosa para restaurar el equilibrio energético. Mediante la repetición consciente de las frases "Lo siento. Perdóname. Te amo. Soy grato.", ocurre una limpieza profunda de memorias y patrones negativos que comprometen el flujo de la energía vital. Esta práctica simple, pero profunda, disuelve bloqueos emocionales y creencias limitantes que afectan directamente a los chakras, permitiendo que cada centro energético retome su funcionamiento natural. Con la energía circulando libremente, hay una revitalización del cuerpo físico, una claridad mental ampliada y un fortalecimiento de la conexión espiritual. Esta alineación promueve no solo la sanación interior, sino también una sensación continua de paz, seguridad y propósito.

Al integrar el Ho'oponopono con prácticas de visualización, meditación y técnicas de respiración, se potencia aún más el proceso de equilibrio energético. Visualizar los chakras como vórtices de luz girando de forma armónica, sentir la energía fluyendo suavemente por el cuerpo y permitir que las emociones reprimidas sean suavemente liberadas son pasos que amplían los efectos de esta conexión. Este enfoque holístico fortalece la integración entre cuerpo y espíritu, despertando la intuición, la creatividad y el amor propio. Así, cuidar de la armonía energética se convierte en un acto de autocuidado profundo, capaz de transformar la relación consigo mismo y con el mundo, conduciendo a una vida más equilibrada, saludable y repleta de significado.

En la tradición yogue y tántrica, los chakras son considerados portales esenciales de energía vital, distribuidos a lo largo de la columna vertebral hasta la cima de la cabeza. Cada uno de estos centros energéticos desempeña un papel específico en la regulación de las funciones físicas, emocionales y espirituales. El equilibrio de estos chakras es indispensable para mantener la salud integral y el bienestar, pues cualquier bloqueo o desequilibrio puede resultar en malestares físicos, inestabilidades emocionales y desconexión espiritual. Cuando la energía vital fluye de manera libre y armónica por estos puntos, el cuerpo alcanza un estado de equilibrio profundo, reflejándose en mayor vitalidad, claridad mental y serenidad emocional.

La práctica del Ho'oponopono surge como una herramienta poderosa y eficaz para promover la armonización de estos centros energéticos. Al repetir con intención las frases "Lo siento. Perdóname. Te amo. Soy grato.", se inicia un proceso profundo de limpieza de memorias y patrones emocionales que, muchas veces, se enraízan en los chakras, generando bloqueos y desequilibrios. Esta práctica no solo disuelve traumas y creencias limitantes, sino que también restaura el flujo natural de la energía vital. Cada palabra lleva una vibración capaz de tocar áreas específicas del ser, proporcionando una liberación emocional y energética que se traduce en un bienestar integral.

El proceso de armonización de los chakras con el Ho'oponopono puede ser intensificado con prácticas de visualización consciente. Al visualizar cada chakra como un vórtice de luz en movimiento continuo y armónico, es posible percibir la energía divina fluyendo libremente por todo el cuerpo. Esta luz recorre los caminos energéticos, disolviendo bloqueos sutiles y restaurando la armonía entre cuerpo, mente y espíritu. Esta visualización no solo fortalece la conexión con la propia esencia, sino que también amplía la consciencia sobre los impactos de las emociones reprimidas y de los pensamientos limitantes en la salud energética.

La meditación también se presenta como un recurso fundamental en este proceso de equilibrio. Concentrarse en cada chakra, reconociendo su localización, color y función, permite una inmersión profunda en las capas internas del ser. Durante este estado meditativo, mantras y afirmaciones positivas pueden ser utilizados para intensificar la energía de cada centro, potenciando la limpieza promovida por el Ho'oponopono. Esta práctica conduce a un estado de quietud y presencia, facilitando la liberación de emociones antiguas y la reconexión con la sabiduría interna.

Prácticas físicas como el yoga y técnicas de respiración consciente, conocidas como pranayama, son complementos valiosos en este proceso de armonización. Cada postura de yoga fue desarrollada para estimular puntos específicos del cuerpo, activando los chakras y promoviendo la circulación libre de la energía vital. Movimientos suaves y respiraciones profundas crean un flujo continuo de energía, disolviendo tensiones y desbloqueando áreas que acumulan estrés. Esta sinergia entre cuerpo y energía contribuye para un equilibrio duradero, fortaleciendo no solo el cuerpo físico, sino también el emocional y el espiritual.

La utilización de cristales es otro recurso poderoso en la armonización de los chakras. Cada cristal vibra en una frecuencia energética que resuena con un chakra específico, auxiliando en la amplificación y en el equilibrio de su energía. Al posicionar cristales sobre el cuerpo durante la meditación o cargarlos consigo en el día a día, se crea un campo vibracional que favorece la sanación y la estabilidad energética. La interacción con estos elementos naturales profundiza la conexión con la tierra y con las fuerzas sutiles que rigen el equilibrio interior.

Cada chakra refleja aspectos fundamentales de la existencia humana, y la práctica del Ho'oponopono puede actuar directamente en la sanación de estos centros. El Chakra Raíz, localizado en la base de la columna, está ligado a la seguridad, estabilidad y conexión con la tierra. Cuando cargamos memorias de miedo, abandono o inseguridad, este centro puede desequilibrarse, pero el Ho'oponopono ofrece un camino de liberación de estas emociones, restaurando el sentimiento de pertenencia y protección.

En el Chakra Sacral, asociado a la creatividad, sexualidad y emociones, bloqueos pueden surgir de experiencias de culpa, vergüenza o represión emocional. Las frases del Ho'oponopono, direccionadas a estas memorias, disuelven estas barreras, permitiendo que la energía creativa y emocional fluya con ligereza. Este proceso rescata la espontaneidad y la libertad de expresión emocional, esenciales para una vida plena.

El Chakra del Plexo Solar, responsable del poder personal y autoestima, frecuentemente acumula energías de raiva, frustración e inseguridad. El Ho'oponopono actúa en la transmutación de estas emociones, fortaleciendo la autoconfianza y la fuerza de voluntad. Este equilibrio devuelve el control sobre las propias elecciones y acciones, permitiendo una actuación más segura en el mundo.

El Chakra Cardíaco, centro del amor y de la compasión, es profundamente beneficiado por el Ho'oponopono, una práctica que incentiva el perdón y el amor incondicional. Cuidar de este centro energético promueve una apertura para relaciones más saludables y amorosas, creando un campo de energía que acoge y comprende al otro sin juicios.

En el Chakra Laríngeo, relacionado a la comunicación y expresión personal, memorias de miedo de hablar, de mentiras o secretos pueden restringir la libre expresión. La repetición de las frases del Ho'oponopono suaviza estas limitaciones, facilitando una comunicación auténtica y honesta, donde la verdad interior puede ser expresada sin recelos.

El Chakra Frontal, o Tercer Ojo, vinculado a la intuición y sabiduría interior, puede ser obscurecido por creencias limitantes y pensamientos confusos. El Ho'oponopono clarifica estas distorsiones, ampliando la percepción intuitiva y la visión clara de la realidad. Este desbloqueo permite acceder a insights profundos y guiar la vida con sabiduría y discernimiento.

Por fin, el Chakra Coronario, situado en la cima de la cabeza, nos conecta a la espiritualidad y a la consciencia universal. Memorias que nos alejan de nuestra esencia divina pueden restringir esta conexión, pero con el Ho'oponopono, estos bloqueos se disuelven, permitiendo una vivencia plena de unidad con el todo. Esta conexión profunda trae paz, propósito y comprensión de la interdependencia con el universo.

Al integrar el Ho'oponopono con prácticas complementarias, como visualización, meditación, yoga, pranayama y el uso de cristales, se potencia la armonía energética de forma amplia y profunda. Este proceso no solo restaura el equilibrio de los chakras, sino que promueve una jornada continua de autoconocimiento y sanación. Cada paso dado en este camino fortalece la conexión con la esencia interior, conduciendo a una existencia más consciente, amorosa y auténtica. Así, la práctica del Ho'oponopono se revela como un puente entre el autoconocimiento y la armonía universal, despertando el verdadero potencial de vivir en plenitud.

Al promover la armonía energética por medio del Ho'oponopono, se alcanza un estado de bienestar integral que transciende lo físico y toca profundamente lo emocional y lo espiritual. Esta práctica continua no solo restaura el equilibrio de los chakras, sino que también amplía la consciencia sobre la interconexión entre nuestros pensamientos, emociones y la realidad que vivimos. La energía vital fluye con más ligereza, proporcionando vitalidad, claridad mental y estabilidad emocional. Esta alineación interna se refleja en las relaciones interpersonales, en las elecciones diarias y en la forma como enfrentamos desafíos, conduciendo a una existencia más ligera, fluida y conectada con el propósito de vida.

Además, la integración del Ho'oponopono con prácticas complementarias, como el uso de cristales, yoga y meditación, potencia la armonía energética y fortalece el vínculo con la sabiduría interior. Este proceso de autoconocimiento y sanación continua permite que las emociones reprimidas sean liberadas con gentileza, disolviendo resistencias internas y promoviendo una profunda sensación de paz. Así, cultivar la armonía energética se convierte en un compromiso diario con el autocuidado y con la evolución espiritual, permitiéndonos vivir de forma más auténtica, libre y equilibrada.

Este camino de equilibrio energético es, sobre todo, una jornada de amor y reconciliación con todas las partes de nuestro ser. Al limpiar memorias limitantes y nutrir nuestros centros energéticos con intención y compasión, despertamos para una nueva percepción de nosotros mismos y del mundo a nuestro alrededor. La armonía conquistada reverbera silenciosamente en cada aspecto de la vida, abriendo espacio para nuevas posibilidades y experiencias enriquecedoras. Así, el Ho'oponopono se revela no solo como una práctica de sanación, sino como un puente para una existencia más plena, en perfecta sintonía con la energía del universo.

Capítulo 31
Sanación con el Poder del Sonido

El poder transformador del sonido se revela como una herramienta esencial para la sanación interior y el equilibrio emocional. Sonidos sagrados, como los mantras, poseen vibraciones capaces de actuar profundamente en la mente y el cuerpo, promoviendo el bienestar y la reconexión con la esencia divina. Integrar prácticas sonoras elevadas a métodos de limpieza emocional amplía los efectos terapéuticos, facilitando la liberación de memorias limitantes y emociones densas. Esta fusión de técnicas no solo calma la mente, sino que también fortalece la conexión con la energía creadora, despertando la serenidad y el amor incondicional presentes en cada ser.

Al explorar las vibraciones de los mantras, se crea un ambiente propicio para la armonización de las emociones y la purificación energética. Cada sonido entonado actúa como un canal de energía que penetra suavemente en los pensamientos y sentimientos, disolviendo bloqueos internos y restaurando el flujo natural de equilibrio. La repetición consciente de estas palabras sagradas conduce la mente a un estado de presencia y tranquilidad, permitiendo que el cuerpo y el espíritu se alineen con frecuencias superiores de sanación. Así, la práctica continua de estas vibraciones sonoras potencia la transformación interior y la liberación de patrones limitantes.

Unir prácticas de limpieza emocional con el poder de los mantras crea una sinergia que amplía la cura y el crecimiento espiritual. La resonancia sonora actúa como un catalizador para el perdón, la reconciliación y la manifestación de deseos, desbloqueando caminos para la realización personal. Este proceso armonioso no solo disuelve creencias negativas, sino que también expande la consciencia, abriendo espacio para la paz interior y la conexión profunda con la sabiduría universal. La vibración del sonido, cuando se alía a la intención sincera, se convierte en un enlace directo con la fuente divina, proporcionando sanación integral y plenitud.

Los mantras, originarios de las tradiciones védicas y budistas, son reconocidos como instrumentos sagrados de sanación, capaces de influenciar profundamente la mente, el cuerpo y el espíritu. Cada sílaba, palabra o frase entonada lleva una vibración única, que resuena en el campo energético de quien la practica, promoviendo equilibrio y armonía interior. La repetición atenta e intencional de un mantra no es solo un ejercicio vocal, sino una inmersión en las capas más sutiles del ser, creando una conexión directa con la esencia divina y favoreciendo la liberación de patrones emocionales limitantes.

Cuando se integra al Ho'oponopono, esta práctica se vuelve aún más potente. Las cuatro frases fundamentales del Ho'oponopono — "Lo siento. Perdóname. Te amo. Soy grato." — ya actúan como herramientas poderosas de limpieza emocional y reconciliación. Al ser combinadas con la entonación de mantras, esta purificación se profundiza, pues las vibraciones sonoras funcionan como catalizadores, acelerando el proceso de sanación y facilitando la disolución de bloqueos energéticos. La energía emanada por los mantras penetra suavemente en los pensamientos y emociones, restaurando el flujo natural de energía vital.

Esta fusión de prácticas crea una sinergia que impacta directamente la armonía emocional. La resonancia sonora de los mantras actúa en el campo vibracional del cuerpo, calmando la mente inquieta y suavizando tensiones emocionales. Al repetir un mantra en conjunto con las frases del Ho'oponopono, se cultiva un estado de serenidad profunda y equilibrio interior. Este estado de paz permite que emociones reprimidas sean gentilmente liberadas, promoviendo una sensación de alivio y ligereza. La mente se desacelera, el corazón se expande y el espíritu se abre a nuevas posibilidades de sanación y transformación.

Más que un simple relajamiento, la combinación entre mantras y Ho'oponopono facilita el reencuentro con la esencia divina. Los mantras, por su naturaleza sagrada, establecen un puente directo con la fuente creadora del universo. Cuando se entonan con devoción e intención sincera, disuelven las barreras que nos separan del amor incondicional y la plenitud. La práctica regular conduce a una experiencia de unidad con el todo, despertando la consciencia de que somos parte de algo mayor e infinito. Esta percepción amplía la compasión, fortalece la empatía e inspira una vida más auténtica y alineada con los principios espirituales.

Además de promover sanación y reconexión espiritual, los mantras también son herramientas poderosas para la manifestación de deseos. Cada sonido entonado crea una frecuencia específica que resuena con la energía de aquello que se desea atraer. Al integrar esta práctica con el Ho'oponopono, se limpian las creencias limitantes que impiden la realización de sueños y objetivos. La mente se alinea con la vibración de la abundancia, permitiendo que los caminos se abran para la concretización de propósitos personales. Esta combinación de limpieza energética y manifestación consciente fortalece la autoconfianza e impulsa el crecimiento personal.

Diversos mantras pueden ser incorporados al Ho'oponopono, cada uno con una vibración y propósito específicos. El mantra "Om Gam Ganapataye Namaha", por ejemplo, es tradicionalmente utilizado para remover obstáculos y atraer prosperidad. Su entonación constante disuelve barreras internas y externas, creando espacio para nuevas oportunidades. El mantra "Om Shanti Shanti Shanti" invoca la paz interior y la armonía, siendo ideal para momentos de ansiedad o desequilibrio emocional, promoviendo un estado de serenidad y tranquilidad profundas.

Otro mantra poderoso es el "Om Mani Padme Hum", conocido por su conexión con la compasión y la purificación. Este sonido sagrado actúa directamente en el corazón, despertando sentimientos de amor incondicional y comprensión. Para quien busca transformación y liberación de patrones antiguos, el mantra "Om Namah Shivaya" es una elección valiosa, pues conduce la mente y el espíritu por caminos de renovación y autotrascendencia. El "Om Tare Tuttare Ture Soha" es especialmente eficaz para superar miedos y dificultades, proporcionando coraje y resiliencia ante los desafíos de la vida.

La aplicación de los mantras en el Ho'oponopono puede ser realizada de diversas maneras. La repetición vocal o mental es una de las formas más tradicionales, siendo importante entonar el mantra con atención plena e intención clara. Esta práctica simple, pero poderosa, crea un flujo continuo de energía que limpia y armoniza el campo energético. Otra forma es utilizar el mantra como foco principal durante la meditación, permitiendo que su vibración permee todo el ser, trayendo calma y claridad mental.

La visualización también es una técnica complementaria eficaz. Al imaginar el mantra como una luz vibrante que envuelve y penetra el cuerpo, es posible potenciar la limpieza de memorias negativas y la armonización de las energías internas. Esta luz puede ser visualizada disolviendo bloqueos y llenando los chakras con energía renovada. Además, confiar en la intuición para elegir el mantra adecuado para cada situación es esencial. La sabiduría interior siempre guía hacia el sonido que más resuena con las necesidades del momento, haciendo la práctica aún más personalizada y eficaz.

Con la integración constante de estas prácticas, la mente se vuelve más receptiva y el corazón más abierto, permitiendo que experiencias transformadoras fluyan con naturalidad. La jornada de autotransformación se vuelve más ligera y fluida, pues la armonía entre sonido e intención guía suavemente la disolución de resistencias internas. La vibración de los mantras, aliada a la compasión y al perdón promovidos por el Ho'oponopono, crea un puente que conecta al individuo con el flujo natural de la vida, permitiendo que la abundancia, el equilibrio y la paz interior se manifiesten plenamente.

Así, el poder del sonido se revela como un instrumento esencial para la sanación integral. Al permitir que estas vibraciones resuenen en las profundidades del ser, cada individuo se reconecta con su verdadera esencia y con la sabiduría universal. Este reencuentro no solo promueve la liberación de antiguas heridas, sino que también abre camino para una existencia más plena, conducida por la serenidad, el amor y la armonía con el todo. La práctica continua de esta combinación transforma no solo el campo energético, sino también la forma en que cada persona se relaciona con el mundo, despertando una consciencia más elevada y un vivir más auténtico y significativo.

Al integrar los mantras con la práctica del Ho'oponopono, la sanación emocional y espiritual se profundiza de manera orgánica, permitiendo que cada sonido reverbere en las capas más sutiles del ser. Esta combinación crea un campo vibracional poderoso que disuelve tensiones acumuladas, amplía la claridad mental y fortalece la intuición. La energía generada por esta unión potencia no solo la purificación interior, sino que también facilita la reconciliación con aspectos olvidados o reprimidos de la propia historia, promoviendo un estado de paz genuina y continua.

Con el uso constante de estas prácticas, la mente se vuelve más receptiva y el corazón más abierto, creando espacio para nuevas experiencias y percepciones. El camino de la autotransformación se vuelve más ligero, pues la armonía entre sonido e intención guía suavemente la disolución de resistencias internas. La vibración de los mantras, aliada a la compasión y al perdón promovidos por el Ho'oponopono, actúa como un puente que conecta al individuo con el flujo natural de la vida, permitiendo que la abundancia y el equilibrio se manifiesten con fluidez.

Así, el poder del sonido, cuando se cultiva con presencia y propósito, se revela como una herramienta esencial para la sanación integral. Al permitir que estas vibraciones resuenen en lo más profundo del ser, cada individuo se reconecta con su verdadera esencia y con la sabiduría universal. Este reencuentro consigo mismo no solo promueve la liberación de antiguas heridas, sino que también abre camino para una existencia más plena, guiada por la serenidad, el amor y la armonía con el todo.

Capítulo 32
Ley de la Atracción

La conexión entre el Ho'oponopono y la Ley de la Atracción revela una poderosa integración de prácticas que potencian la creación consciente de la realidad. Ambas comparten la premisa de que los pensamientos, emociones y creencias moldean las experiencias vividas, siendo la responsabilidad individual el punto central de este proceso. Al unir la limpieza de memorias del Ho'oponopono con la vibración positiva propuesta por la Ley de la Atracción, es posible desbloquear patrones limitantes y permitir que la abundancia, el amor y la realización fluyan de forma natural. Esta combinación fortalece la capacidad de manifestar deseos, tornando el proceso de cocreación más consciente y alineado con la esencia interior.

Esta integración no se limita a eliminar creencias negativas, sino que también involucra el cultivo de emociones elevadas que resuenan con aquello que se desea atraer. Sentimientos como gratitud, alegría y amor se convierten en poderosos emisores de energía, alineando al individuo con frecuencias que atraen experiencias positivas. El Ho'oponopono, al promover la purificación de memorias y traumas emocionales, facilita este alineamiento vibracional, permitiendo que la

Ley de la Atracción actúe de manera más eficaz. Así, pensamientos claros y emociones positivas pasan a operar como catalizadores para la realización de objetivos y sueños.

Además, la práctica consciente de visualizar metas con claridad y actuar con confianza amplía el poder de manifestación. La combinación de estas prácticas incentiva una postura activa ante la vida, donde la confianza y la determinación sustituyen al miedo y la inseguridad. Este equilibrio entre pensamiento, emoción y acción crea un campo energético propicio para transformar deseos en realidad. Al asumir la responsabilidad por su jornada y alinearse con la sabiduría universal, cada persona puede acceder a un estado de plenitud y realización, co-creando una vida rica en significado, propósito y felicidad.

La Ley de la Atracción y el Ho'oponopono convergen en un punto esencial: la responsabilidad individual en la creación de la propia realidad. La Ley de la Atracción sostiene que pensamientos y emociones emiten vibraciones que atraen experiencias semejantes, sean positivas o negativas. El Ho'oponopono enseña que somos integralmente responsables por todo lo que acontece en nuestras vidas, fruto de memorias y creencias que moldean nuestras percepciones y decisiones. La combinación de estas prácticas no solo potencia el poder de manifestación, sino que también promueve una profunda limpieza interna, esencial para abrir espacio a la abundancia, al amor y a la realización personal.

Cuando se entiende que las creencias limitantes son barreras invisibles que bloquean el flujo natural de la energía, se torna claro el papel fundamental del Ho'oponopono en este proceso. La práctica de las cuatro frases — "Lo siento. Perdóname. Te amo. Soy grato." — funciona como un agente de purificación, disolviendo memorias negativas que alimentan patrones de pensamiento auto saboteadores. Creencias como "no soy capaz", "no merezco ser feliz" o "el éxito no es para mí" crean vibraciones que impiden la materialización de sueños. La limpieza de estos patrones abre espacio para pensamientos más elevados y alineados con la vibración de lo que se desea atraer.

Al eliminar bloqueos emocionales y mentales, se torna posible cultivar emociones positivas, como gratitud, alegría y amor, que son esenciales para alinear la vibración personal con la energía del universo. La Ley de la Atracción enseña que estas emociones funcionan como imanes poderosos, atrayendo situaciones, personas y oportunidades que resuenan con la misma frecuencia. El Ho'oponopono facilita este alineamiento al liberar sentimientos de culpa, miedo y rabia, permitiendo que la energía fluya libremente y se sintonice con la abundancia y la realización.

La visualización es otra herramienta poderosa que conecta estas dos prácticas. Imaginar con claridad y emoción la concretización de objetivos envía al universo una señal clara sobre lo que se desea manifestar. Sin embargo, para que esta visualización sea eficaz, es preciso limpiar dudas y miedos que sabotean este proceso. El Ho'oponopono auxilia en la remoción de estas barreras internas, permitiendo que las imágenes mentales se tornen más nítidas y cargadas de intención. Visualizar metas con confianza y emoción verdadera fortalece la vibración energética, tornando la manifestación más fluida y natural.

Sin embargo, visualizar y sentir no son suficientes sin la acción. La materialización de sueños exige pasos concretos. La práctica del Ho'oponopono promueve el coraje y la confianza necesarias para actuar con determinación. Al limpiar inseguridades y miedos, se abre camino para actitudes más asertivas y conscientes. La acción alineada con pensamientos y emociones positivas crea un ciclo virtuoso de realización. Cada actitud tomada con claridad y propósito acerca al individuo de sus objetivos, transformando el proceso de manifestación en algo tangible y real.

Esta integración entre pensamiento, emoción y acción genera un campo vibracional fuerte y cohesivo, ideal para la manifestación consciente. No se trata de esperar que el universo entregue resultados sin esfuerzo, sino de actuar en armonía con la energía universal. Esta postura activa ante la vida transforma desafíos en oportunidades, pues el individuo pasa a percibir obstáculos como parte del proceso de crecimiento y no como barreras infranqueables. Este equilibrio fortalece la confianza en la jornada y en la capacidad de cocrear la propia realidad.

Mantener esta práctica de forma constante exige paciencia y persistencia. Manifestar sueños no es un proceso instantáneo, sino una construcción diaria. Pequeños pasos, pensamientos alineados y acciones conscientes construyen una base sólida para la realización. La práctica continua del Ho'oponopono garantiza que memorias negativas no vuelvan a bloquear el camino, mientras que la Ley de la Atracción direcciona la energía para concretizar deseos. Esta armonía entre limpiar el pasado y crear el futuro es el secreto para una vida plena y realizada.

Además, la integración de estas prácticas estimula el autoconocimiento. Al identificar y limpiar creencias limitantes, el individuo pasa a comprender mejor sus propios patrones de comportamiento y pensamiento. Este entendimiento profundo lleva a elecciones más conscientes y alineadas con el propósito de vida. El autoconocimiento, a su vez, fortalece la autoconfianza, esencial para sustentar el proceso de manifestación. Saber quién se es y lo que se quiere atrae oportunidades que están en sintonía con la verdadera esencia.

Con el tiempo, esta práctica integrada transforma no solo la vida personal, sino también la forma como el individuo se relaciona con el mundo. Las relaciones interpersonales se tornan más armoniosas, pues la vibración personal atrae conexiones más auténticas y saludables. Situaciones desafiantes pasan a ser encaradas con resiliencia y sabiduría, fruto de una mente limpia y de emociones equilibradas. La abundancia, sea financiera, emocional o espiritual, fluye con más naturalidad, pues no hay más resistencia interna para impedir su camino.

Esta transformación se extiende para todas las áreas de la vida. En el ámbito profesional, ideas innovadoras surgen con más facilidad, y las oportunidades de crecimiento se multiplican. En las relaciones, la comunicación se torna más clara y empática, creando lazos más profundos y verdaderos. En la salud, el equilibrio emocional y mental se refleja en bienestar físico, pues cuerpo, mente y espíritu están alineados. La vida como un todo gana más significado y propósito.

Así, el Ho'oponopono y la Ley de la Atracción se complementan de forma poderosa. Mientras el primero limpia el camino, removiendo obstáculos internos, el segundo direcciona la energía para la creación consciente de la realidad deseada. Juntas, estas prácticas capacitan al individuo a asumir total responsabilidad por su vida, despertando el potencial ilimitado de cocrear experiencias positivas y significativas. A partir de esta integración, se torna posible vivir de forma más leve, auténtica y plena, con claridad de propósito y confianza en el flujo de la vida.

Cada pensamiento limpio, cada emoción positiva y cada acción alineada forma un puente entre el presente y los sueños más profundos. Esta conexión constante con la esencia interior y con la energía del universo conduce a una existencia rica en significado, amor y realizaciones verdaderas. Al asumir el papel de cocreador de la propia realidad, el individuo se permite vivir con más libertad, autenticidad y plenitud, transformando la jornada de la vida en una experiencia extraordinaria.

Al integrar estas prácticas de forma constante y consciente, cada individuo pasa a reconocer el poder que posee de moldear la propia realidad. La purificación interior promovida por el Ho'oponopono remueve obstáculos invisibles que limitan el flujo natural de la abundancia, mientras que la Ley de la Atracción direcciona la energía mental y emocional para la concretización de sueños. Este alineamiento armonioso no solo transforma desafíos en oportunidades, sino que también fortalece la confianza en el proceso de la vida, permitiendo que los deseos más auténticos florezcan con naturalidad.

Con esta nueva perspectiva, los pequeños pasos diarios ganan significado, y cada elección se torna una oportunidad de cocreación. La práctica continua de limpiar creencias limitantes, mantener pensamientos elevados y actuar con determinación construye una base sólida para conquistas duraderas. Así, la jornada rumbo a los objetivos deja de ser un camino repleto de obstáculos y pasa a ser una experiencia enriquecedora, guiada por propósito, gratitud y equilibrio interior.

De esta forma, el Ho'oponopono y la Ley de la Atracción se revelan como poderosas herramientas de autoconocimiento y manifestación. Al unir estos enseñanzas, se torna posible vivir de manera más leve, consciente y plena. Cada pensamiento limpio, cada emoción positiva y cada acción alineada crea un puente entre el presente y los sueños más profundos, conduciendo a una vida rica en significado, amor y realizaciones verdaderas.

Capítulo 33
Ho'oponopono Avanzado

Profundizar en Ho'oponopono es un paso esencial para alcanzar niveles más elevados de autoconocimiento, sanación y transformación. Esta etapa avanzada de la práctica transciende la repetición de las cuatro frases básicas y conduce a una comprensión más amplia y profunda de los principios que rigen esta sabiduría ancestral. Desde esta perspectiva expandida, Ho'oponopono se convierte en una práctica integrada y continua, capaz de transformar todos los aspectos de la vida, promoviendo el equilibrio, la paz interior y la armonía en las relaciones personales y con el mundo que nos rodea. Es una invitación a acceder a estados más elevados de consciencia y permitir que la divinidad interior se manifieste plenamente.

En este nivel más profundo, la búsqueda del "estado cero" se convierte en una meta central. Este estado representa la completa liberación de memorias, juicios y creencias limitantes, proporcionando un espacio de silencio y pureza mental donde la inspiración divina puede fluir libremente. La conexión con la divinidad interior fortalece la comprensión de que somos totalmente responsables de nuestras experiencias y de que tenemos el poder de resignificar y transformar la realidad que nos rodea. Este reconocimiento amplía la consciencia de que el verdadero cambio comienza dentro de cada uno, a través de la constante purificación de pensamientos y emociones.

La práctica avanzada de Ho'oponopono implica la integración de nuevas herramientas y técnicas, como meditaciones dirigidas, visualizaciones creativas y el contacto intencional con la naturaleza y los animales. Estos métodos complementarios profundizan el proceso de limpieza interior y potencian la reconciliación con aspectos no resueltos de la vida. Al aplicar estas prácticas de forma continua y consciente, Ho'oponopono deja de ser una acción puntual y se transforma en un estilo de vida, capaz de abrir caminos para una existencia más plena, alineada con el amor incondicional, la sabiduría divina y el propósito verdadero.

Ho'oponopono avanzado representa una profundización significativa en el viaje de autoconocimiento y sanación. Esta etapa va más allá de la repetición de las cuatro frases fundamentales e invita a la integración plena de sus principios en todos los aspectos de la vida. Se trata de acceder a niveles más profundos de consciencia, permitiendo que la divinidad interior se manifieste de manera auténtica y constante. En este proceso, el practicante comprende que la verdadera transformación ocurre cuando hay entrega total al proceso de limpieza y reconciliación, permitiendo que cada experiencia sea una oportunidad de sanación.

Uno de los conceptos centrales en esta etapa es el "estado cero", un estado de pureza mental y emocional donde las memorias y creencias limitantes se disuelven por completo. Este espacio interno libre de interferencias es donde la inspiración divina fluye con claridad, guiando pensamientos, emociones y acciones. Alcanzar este estado significa permitir que la sabiduría universal oriente la vida, sin bloqueos causados por juicios o experiencias pasadas. La búsqueda de este vacío pleno exige práctica constante, pues cada pensamiento negativo o resistencia emocional representa una nueva oportunidad de purificación.

La comprensión profunda de la responsabilidad total también se intensifica en Ho'oponopono avanzado. Este principio refuerza que todo lo que se manifiesta en la realidad personal es reflejo de memorias internas, conscientes o no. Así, no hay espacio para la culpa externa o el victimismo, sino para el reconocimiento de que cada situación es una oportunidad de sanación. Esta aceptación transforma la forma de lidiar con desafíos y conflictos, promoviendo un abordaje más compasivo y amoroso ante la vida.

Para sustentar esta práctica continua, Ho'oponopono avanzado integra técnicas complementarias que profundizan la limpieza interior. La meditación dirigida, por ejemplo, permite silenciar la mente e intensificar la conexión con la divinidad interior. Durante estos momentos de quietud, las cuatro frases pueden ser repetidas con más profundidad, acompañadas de una respiración consciente, permitiendo que la energía de la limpieza se expanda por el cuerpo y la mente.

La visualización creativa es otra herramienta poderosa en esta fase. Al crear imágenes mentales claras y detalladas de situaciones ya armonizadas o de objetivos realizados, el practicante colabora con el proceso de manifestación, alineando pensamientos y emociones con la vibración de aquello que desea atraer. Este ejercicio, combinado con Ho'oponopono, disuelve creencias limitantes y fortalece la confianza en el flujo natural de la vida, tornando la realización de sueños más fluida y natural.

El contacto con la naturaleza también asume un papel esencial. Practicar Ho'oponopono en ambientes naturales intensifica el proceso de purificación, pues la energía de la tierra, del agua, del aire y de las plantas facilita la liberación de cargas emocionales. Caminar descalzo en la tierra, sentarse bajo un árbol o contemplar el mar mientras se repiten las frases son formas de profundizar la conexión con lo divino y permitir que la naturaleza actúe como aliada en el proceso de sanación.

La interacción con los animales es una extensión más de esta práctica. Los animales poseen una energía pura y amorosa que puede ser canalizada para la sanación emocional. Estar con ellos, observar sus comportamientos o incluso dirigir las frases de Ho'oponopono para fortalecer el vínculo afectivo crea un ambiente de intercambio energético positivo. Este contacto espontáneo y verdadero refuerza la importancia de la simplicidad y de la presencia en el momento presente.

Integrar Ho'oponopono en cada acción cotidiana es uno de los pilares principales de esta fase avanzada. Cada situación, ya sea simple o compleja, puede ser vista como una oportunidad de practicar el perdón, la gratitud y el amor. Ya sea enfrentando desafíos en el trabajo, conflictos familiares o sentimientos de insatisfacción personal, la práctica constante permite que la mente y el corazón se mantengan alineados con la paz interior. Esta integración continua transforma Ho'oponopono en un estilo de vida, donde lo sagrado se entrelaza con lo cotidiano.

La práctica avanzada también revela que la sanación personal transciende al propio individuo y reverbera en lo colectivo. Cada memoria purificada no beneficia solo a quien la limpia, sino que también impacta positivamente a todos los involucrados en esa experiencia. Esta consciencia expande el propósito de la práctica, mostrando que Ho'oponopono es una herramienta de transformación global. Al sanar a sí mismo, se contribuye a la armonía del ambiente, de las relaciones y del mundo como un todo.

Este viaje exige constancia y entrega, pero no perfección. Ho'oponopono avanzado no se basa en reglas rígidas, sino en la intención genuina de limpiar, perdonar y amar. Este compromiso diario con la purificación y con la reconciliación interna crea un camino de ligereza y autenticidad. Poco a poco, la práctica se convierte en una presencia silenciosa y constante, guiando pensamientos, emociones y actitudes con naturalidad.

Con el tiempo, esta integración profunda genera transformaciones perceptibles. Las relaciones personales se vuelven más armoniosas, pues la mirada compasiva disuelve juicios y expectativas. Los desafíos se enfrentan con más serenidad, comprendidos como oportunidades de crecimiento y no como obstáculos. La conexión con el propósito de vida se fortalece, conduciendo a elecciones más alineadas con la esencia verdadera. El equilibrio emocional se refleja en la salud física, y la abundancia fluye de manera más natural, sin resistencia.

Así, Ho'oponopono avanzado se presenta como un camino de expansión continua. No promete resultados inmediatos, pero ofrece la oportunidad de vivir en constante evolución. Con cada memoria limpia, con cada emoción purificada, el practicante se acerca al estado cero, donde la inspiración divina conduce la vida con ligereza y claridad. Este estado de paz interior no depende de las circunstancias externas, sino que nace del alineamiento con el amor incondicional y con la sabiduría divina.

Este proceso es una invitación a vivir con más presencia, compasión y propósito. Es comprender que cada pensamiento limpio, cada emoción transformada y cada acción amorosa son pasos en dirección a una existencia más plena. Ho'oponopono avanzado no es solo una técnica de sanación individual, sino una práctica de conexión con el todo. Al asumir esta responsabilidad con amor y entrega, no solo transformamos nuestra realidad, sino que también contribuimos a la sanación del mundo.

Al profundizar en este viaje, se hace evidente que Ho'oponopono avanzado no se limita a técnicas aisladas, sino que implica un cambio profundo de perspectiva ante la vida. Cada desafío, cada incomodidad, pasa a ser reconocido como una oportunidad de limpieza y crecimiento. Esta mirada compasiva permite comprender que todo lo que surge en el camino está intrínsecamente ligado a las memorias que cargamos, y que, al asumir esta responsabilidad con amor y entrega, abrimos espacio para la verdadera transformación. Así, la práctica se expande más allá de las palabras, convirtiéndose en una presencia constante, silenciosa y poderosa en cada acción, pensamiento y elección.

Con el tiempo, esta integración profunda se refleja en una nueva forma de vivir, donde la ligereza y la autenticidad guían las relaciones y decisiones. Ho'oponopono avanzado enseña que no hay separación entre lo sagrado y lo cotidiano; ambos se entrelazan, y cada experiencia vivida lleva en sí la oportunidad de sanación. La entrega continua al proceso de limpieza no exige perfección, sino constancia e intención genuina. Esta apertura permite que la sabiduría divina se manifieste naturalmente, conduciendo a una vida en equilibrio, donde la paz interior no depende de circunstancias externas, sino que nace del alineamiento con el propósito más elevado.

Al transitar este camino, comprendemos que Ho'oponopono no es solo una práctica de autosanación, sino un llamado a despertar la consciencia colectiva. Cada memoria purificada resuena más allá del individuo, impactando positivamente el ambiente y las personas a su alrededor. Esta comprensión amplía el propósito del viaje, revelando que, al sanar a sí mismo, también se contribuye a la sanación del mundo. Y así, paso a paso, la práctica se despliega como un flujo continuo de amor, gratitud y reconciliación, conduciendo a una existencia más plena, armoniosa y conectada con la esencia divina que habita en cada ser.

Capítulo 34
Inspirando la Transformación

La transformación personal alcanzada a través del Ho'oponopono tiene el poder de expandirse e impactar positivamente el mundo que nos rodea. Al integrar esta práctica de limpieza interior y reconciliación en tu vida, se vuelve natural irradiar este equilibrio y armonía hacia otras personas. Este proceso no exige palabras imponentes ni esfuerzos grandiosos; es en la simplicidad de las acciones diarias y en la autenticidad de las actitudes donde ocurre el verdadero impacto. Vivir de acuerdo con los principios del Ho'oponopono inspira silenciosamente a quienes te rodean a buscar su propia jornada de sanación y autoconocimiento.

La transmisión de esta sabiduría ocurre de forma espontánea cuando se comparten experiencias personales e insights con empatía y respeto. Ya sea en conversaciones íntimas o a través de iniciativas más amplias, como grupos de apoyo, redes sociales o encuentros presenciales, cada gesto de compartir representa una oportunidad de sembrar comprensión y paz. Al ofrecer el Ho'oponopono como una posibilidad, sin imposiciones, se crea un espacio seguro para que otras personas exploren este camino de forma libre y auténtica. Esta apertura genera conexiones profundas y fortalece la corriente de transformación colectiva.

Al inspirar la transformación en otros, la propia práctica del Ho'oponopono se profundiza, consolidándose como un estilo de vida basado en la responsabilidad, el perdón y el amor incondicional. Este ciclo continuo de aprendizaje y compartir amplía la capacidad de generar cambios positivos, no solo a nivel personal, sino también en el colectivo. Cada acción consciente y cada palabra de aliento contribuyen a construir una realidad más armoniosa, donde la sanación individual reverbera en beneficio de toda la humanidad. Así, la práctica se convierte en un enlace de conexión entre el autoconocimiento y la evolución del mundo, promoviendo la paz y el equilibrio a gran escala.

Compartir la práctica del Ho'oponopono es como esparcir semillas de luz que silenciosamente germinan y transforman el ambiente a su alrededor. Cuando alguien incorpora genuinamente los principios de esta sabiduría ancestral, el impacto no se limita a su propia vida, sino que reverbera en todas las relaciones e interacciones diarias. Sin la necesidad de palabras imponentes o de grandes acciones, vivir el Ho'oponopono con autenticidad inspira naturalmente a quienes nos rodean a reflexionar sobre sus propias jornadas de autoconocimiento y sanación. La transformación comienza en lo íntimo, pero se expande hacia lo colectivo, creando un ciclo continuo de amor, perdón y reconciliación.

Este proceso de inspiración ocurre de manera sutil y espontánea. La forma en que alguien lidia con los desafíos, la paciencia ante las dificultades y la compasión en las relaciones se convierten en ejemplos vivos de la práctica. Pequeños gestos, como escuchar con atención, ofrecer palabras de apoyo o actuar con gentileza, reflejan el poder del Ho'oponopono en acción. Este comportamiento auténtico crea una atmósfera de confianza, donde otros se sienten seguros para explorar sus propios bloqueos emocionales e iniciar un camino de sanación. No se trata de convencer o imponer, sino de ser un ejemplo silencioso de transformación.

    La compartición de esta práctica también puede suceder a través de conversaciones genuinas, donde las experiencias personales y los aprendizajes se transmiten con empatía y respeto. Relatar cómo el Ho'oponopono ayudó a superar desafíos o a encontrar paz interior puede abrir puertas para que otros consideren esta herramienta como una posibilidad en sus vidas. En ambientes íntimos o en círculos sociales más amplios, este intercambio de vivencias crea conexiones profundas, nutriendo relaciones basadas en la comprensión y el respeto mutuo. La inspiración, en este contexto, surge del acogimiento y la escucha sincera, sin expectativas ni juicios.

    Además de las interacciones personales, el compartir puede expandirse a plataformas más amplias. Las redes sociales, por ejemplo, son canales poderosos para difundir mensajes de paz y autosanación. Compartir reflexiones, textos, videos o incluso relatos breves sobre cómo el Ho'oponopono impacta la vida diaria puede alcanzar a muchas personas que buscan herramientas para lidiar con sus propios dolores. Crear grupos de discusión o comunidades online también promueve espacios seguros de intercambio, donde las prácticas y los aprendizajes se cultivan de forma colectiva, fortaleciendo la corriente de transformación.

Para quien siente el llamado de profundizar aún más este compartir, la organización de encuentros presenciales, charlas o talleres ofrece una oportunidad rica de conexión. Estos momentos permiten que el Ho'oponopono sea vivenciado de forma práctica, en grupo, potenciando el proceso de sanación. Experiencias colectivas, donde cada participante es invitado a explorar sus emociones y limpiar memorias limitantes, fortalecen el vínculo entre los presentes y amplían la comprensión del poder de esta práctica. El ambiente creado en estos encuentros propicia la reflexión, el autoconocimiento y la transformación compartida.

Otra forma profunda de diseminar el Ho'oponopono es a través de la escritura. Producir libros, artículos o materiales reflexivos permite que el conocimiento llegue a diferentes públicos, contribuyendo a que más personas tengan acceso a esta práctica de autosanación. El registro de experiencias personales, interpretaciones de los principios del Ho'oponopono y sugerencias de aplicación en lo cotidiano se convierte en un regalo valioso para quien busca transformación. La escritura, así como la práctica en sí, no necesita ser perfecta, sino sincera, fluida y conectada con el propósito de inspirar y acoger.

Sin embargo, tal vez la forma más poderosa de compartir el Ho'oponopono sea viviéndolo plenamente en las acciones diarias. Incorporar el perdón, la gratitud, la compasión y la responsabilidad en cada actitud transforma la convivencia con los demás. Cuando estos valores se practican con constancia, se vuelven parte de la identidad e irradian una energía que toca suavemente a todos a su alrededor. Ser un ejemplo de serenidad ante los conflictos, de paciencia en las adversidades y de empatía en las relaciones es la manera más pura de inspirar transformación.

Este movimiento de compartir e inspirar fortalece no solo a los demás, sino también la propia práctica. Al verbalizar aprendizajes o orientar a alguien en el camino de la sanación, el practicante profundiza su conexión con el Ho'oponopono y amplía su comprensión de los desafíos internos. Este intercambio crea un ciclo virtuoso, donde el aprendizaje se renueva y la responsabilidad por mantener la práctica activa se intensifica. Este flujo constante de enseñar y aprender alimenta la evolución personal y fortalece la conexión con la divinidad interior.

Inspirar la transformación no exige perfección, sino presencia e intención. Es comprender que cada gesto de gentileza, cada palabra de consuelo o cada pensamiento positivo tiene el potencial de desencadenar cambios significativos. Una sonrisa sincera, una escucha atenta o una palabra de aliento son semillas silenciosas que florecen a su tiempo. Estas acciones simples, regadas por la intención genuina de armonía, amplían el alcance del Ho'oponopono e invitan a otros a cultivar también la paz interior.

Esta práctica diaria y constante refuerza la idea de que, al cuidar de uno mismo, se cuida también del colectivo. Cada memoria limpia, cada emoción transformada, reverbera más allá del individuo, creando un ambiente más armonioso y equilibrado. Esta consciencia de interconexión amplía el propósito de la práctica, mostrando que la sanación personal no se limita al propio ser, sino que es un servicio silencioso al mundo. Al sanar a sí mismo, el practicante contribuye a la sanación de la colectividad, convirtiéndose en parte de una transformación global.

Así, el Ho'oponopono se revela no solo como una práctica de autosanación, sino como un camino para la evolución colectiva. La simplicidad y la profundidad de esta sabiduría ancestral permiten que, al ser vivida con autenticidad, se convierta en una fuerza silenciosa de transformación. Cada pensamiento limpio, cada emoción acogida y cada actitud compasiva son hilos que tejen una red de amor y comprensión, sosteniendo la construcción de un mundo más ligero, armonioso y consciente.

De este modo, la práctica del Ho'oponopono, cuando es vivida con verdad y compartida con generosidad, transciende la individualidad y se expande como una invitación colectiva a la sanación. No es necesario convencer o imponer; basta con ser, vivir e irradiar. Este es el verdadero poder de inspirar transformación: permitir que la propia jornada se convierta en luz para el camino de otros, despertando en ellos el coraje de iniciar su propio proceso de autoconocimiento y reconciliación. Al inspirar y ser inspirado, se construye un ciclo continuo de amor, perdón y evolución, conduciendo a una existencia más plena y alineada con la esencia divina.

Sembrar la paz a través del Ho'oponopono es comprender que cada palabra, pensamiento o actitud llevan el potencial de transformar realidades. Al cultivar la compasión y la empatía en el día a día, pequeñas acciones se convierten en grandes gestos de sanación colectiva. Una sonrisa sincera, una escucha atenta o un simple pensamiento de gratitud pueden ser semillas silenciosas plantadas en el corazón de quien nos rodea. Estas semillas, regadas por la intención genuina de armonía, florecen naturalmente, inspirando a otros a cultivar también la paz interior y a buscar su propia transformación.

Este proceso no exige perfección, sino presencia. Cuando nos permitimos ser vulnerables y auténticos, abrimos espacio para que otros reconozcan su propia humanidad e inicien su jornada de autoconocimiento. La verdadera inspiración no está en discursos elaborados, sino en vivir con coherencia los valores que deseamos transmitir. Así, la práctica constante del Ho'oponopono se refleja en las relaciones, creando lazos más profundos y espacios seguros para el crecimiento mutuo. Este camino compartido fortalece la idea de que cada uno, al sanar a sí mismo, contribuye a un mundo más ligero y compasivo.

A medida que cada gesto consciente se entrelaza con lo colectivo, se vuelve claro que la transformación individual es el primer paso para la evolución global. El Ho'oponopono, vivido y compartido con amor y simplicidad, se expande como un soplo de luz, disipando las sombras de la intolerancia y el miedo. Así, al sembrar paz y sanación en nosotros mismos y en los demás, participamos activamente en la construcción de una realidad más armoniosa, donde el amor, el perdón y la responsabilidad florecen como pilares de una nueva consciencia.

Epílogo

Al llegar al final de esta lectura, me doy cuenta de que no se trata de un cierre, sino de un nuevo comienzo. Cada página de este libro fue una invitación a mirar hacia adentro, reconocer las propias sombras y abrazar la luz que siempre estuvo presente. Ahora, te toca a ti decidir el próximo paso.

El Ho'oponopono nos enseña que la verdadera sanación no viene de afuera, sino del profundo acto de asumir la responsabilidad por todo lo que vivimos. Con humildad, arrepentimiento, perdón, amor y gratitud, podemos disolver memorias dolorosas, restaurar conexiones y permitir que la vida fluya con más ligereza.

Que las palabras "Lo siento. Perdóname. Te amo. Soy grato(a)" resuenen en tu corazón mucho más allá de estas páginas. Que las utilices como herramientas diarias de reconciliación contigo mismo y con el mundo.

Este libro fue más que un proyecto editorial para mí — fue una experiencia de transformación. Espero que, así como yo, te sientas inspirado a aplicar estas enseñanzas en cada elección, en cada silencio, en cada reconciliación.

Recuerda: no hay prisa. La sanación es un camino continuo y amable. Permítete caminar con ligereza y confianza.

Con gratitud por haber compartido esta jornada,

www.ingramcontent.com/pod-product-compliance
Lightning Source LLC
LaVergne TN
LVHW040044080526
838202LV00045B/3476